AF391145

LE BLASON

en plusieurs Tables et Figures, auec des Remarques, et 2 Alphabets;

l'vn des Termes de cet Art les plus difficiles,

l'aûtre des principales Armes du Monde.

Par P. Dv·Val G.D.R.

A PARIS,

Prez le Palais, fur le Quay de l'Orloge, au coin de la Ruë de Harlay.

Auec priuil. du Roy.
1677.

LE BLASON observe deux choses
L'Email et L'Ecu.

L'Email comprend
deux Metaux
Or. qui est
Iaune
Argent qui est
blanc

Cinq Couleurs
Rouge, Bleu, Verd, Noir, Violet.
que nous Appellons
Gueules. Azur. Sinople. Sable. Pourpre.

deux Fourrures
Hermines Vairs

L'Ecu est Plain,
ou divisé en l'une de ces Six Manieres.
Parti. Coupé. Tranché. Taillé. Ecartelé. Ecartelé en Sautoir.

Marques des Metaux et des Couleurs dans les Figures qui ne font point Enluminées

L'Or   L'Argent

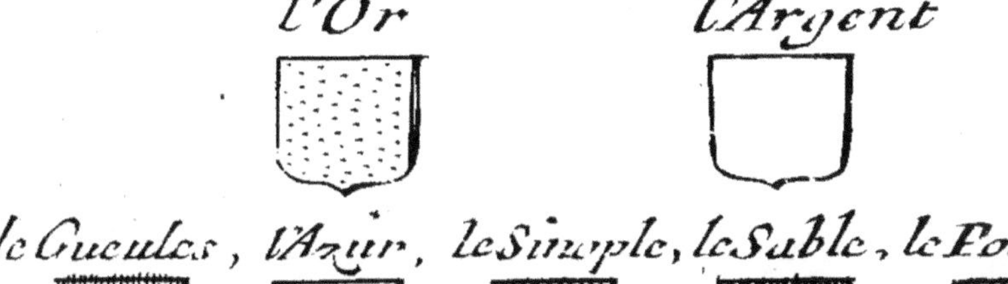

le Gueules, l'Azur, le Sinople, le Sable, le Pourpre

   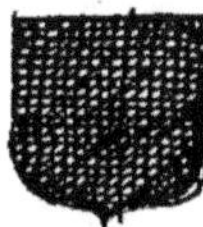 

Anciennes Lettres
Pour la Signification des Emaux.

A . Aurum ,   L'Or .

a . Argentum,   L'Argent .

C . Cæruleum ,   L'Azur .

R . Rubeum ,   Le Gueules .

V . Viride ,   Le Sinople .

la Couleur Noire , Le Sable .

Table III.

FIGVRES DE L'ECV.

Ecu ordi-naire.

Ecu en Lozange.

Ecu en Pointe.

Ecu arrondi.

Ecu couché.

Ecu de Tournoi

Ecu en Cartouche.

Banniere.

Ouale.

Ecus Antiques

Table IV.

Autres Figures de l'Ecu.

Ecus accollez.

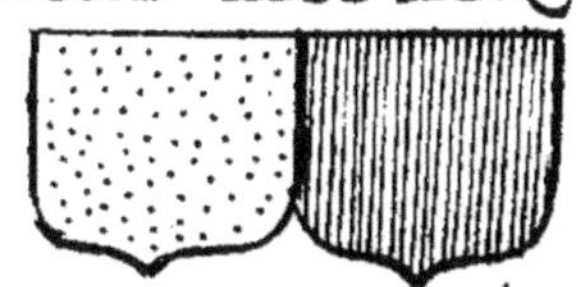

Ecus liez.

Ecu Tiercé en Fasce.

Ecu Tiercé en Pal.

Ecu Tiercé en Bande.

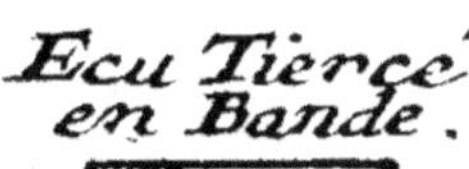

Ecu au Franc-Quartier.

Ecu au Franc-Canton.

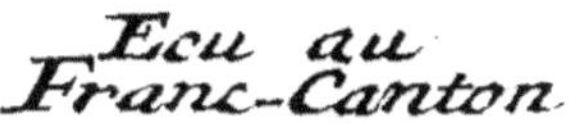

Ecusson sur le Tout.

Ecusson en Abisme.

Table V.

Points de l'Écu

A   B   C
D
H   E   I
K   F   L
G

A . *Premier*
B . *Second*   } *Points du Chef.*
C . *Troisieme*
D . *Point ou Lieu d'Honneur.*
E . *Point de la Fasce ; ou Cœur, Abisme, et milieu de l'Ecu.*

F . *Point du Nombril.*
G . *Point du Bas de la Pointe.*
H . *Point du Flanc Dextre.*
I . *Point du Flanc Senestre.*
K . *Point du Costé Droit*   } *de la Pointe.*
L . *Point du Costé Gauche*

Table VI.

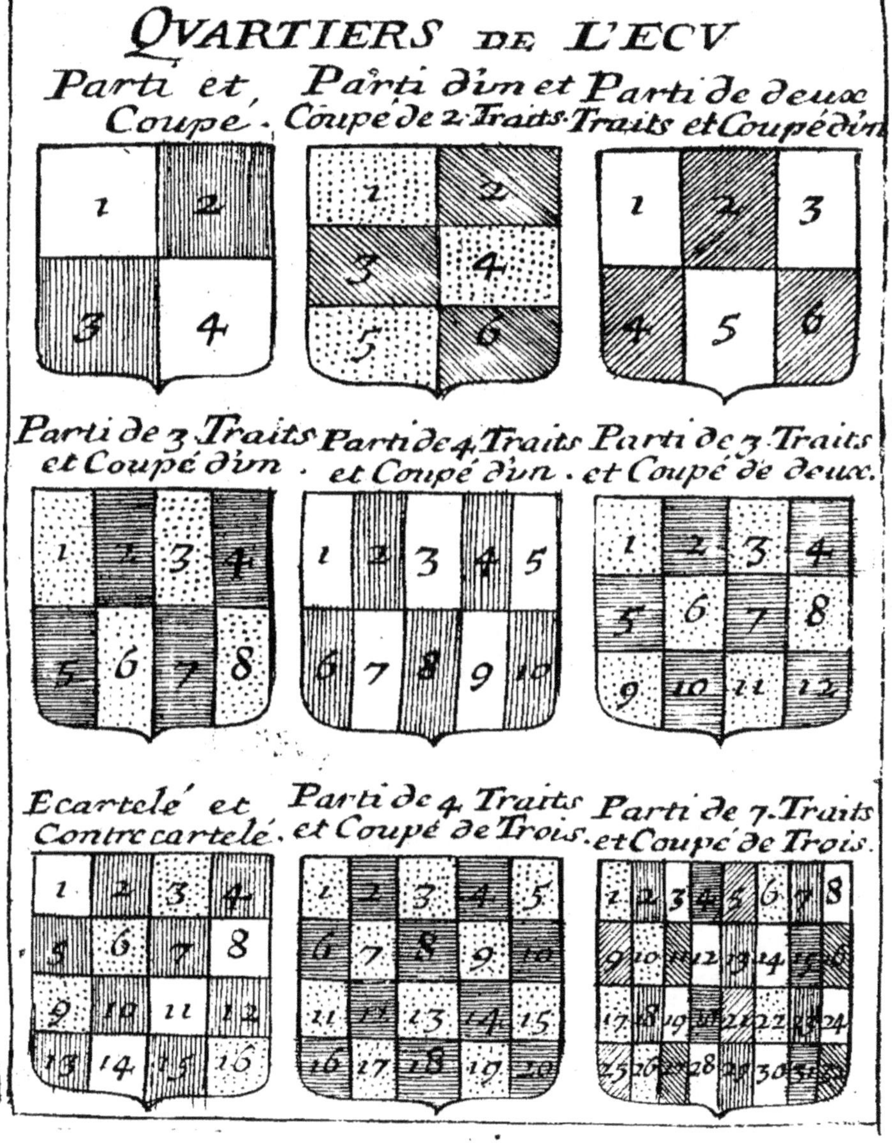
QVARTIERS DE L'ECV
Parti et Coupé.
Parti d'un et Coupé de 2. Traits.
Parti de deux Traits et Coupé d'un
Parti de 3. Traits et Coupé d'un.
Parti de 4. Traits et Coupé d'un.
Parti de 3. Traits et Coupé de deux.
Ecartelé et Contrecartelé.
Parti de 4. Traits et Coupé de Trois.
Parti de 7. Traits et Coupé de Trois.

PIECES HÓNORABLES de L'Ecu.

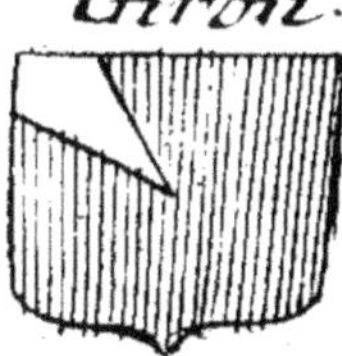

Table VIII.

PIECES moins HÓNORABLES.

Bezans.
Billettes.
Emanches.
Echiquier.

Frettes.
Fuseaux.
Fusées.
Iumelles.

Lozanges.
Macles.
Pairle.
Rustres.

Tierces.
Tourteaux.
Trescheur.

Points-Equipollés.
Vires.

Table IX.

Pieces diminuées

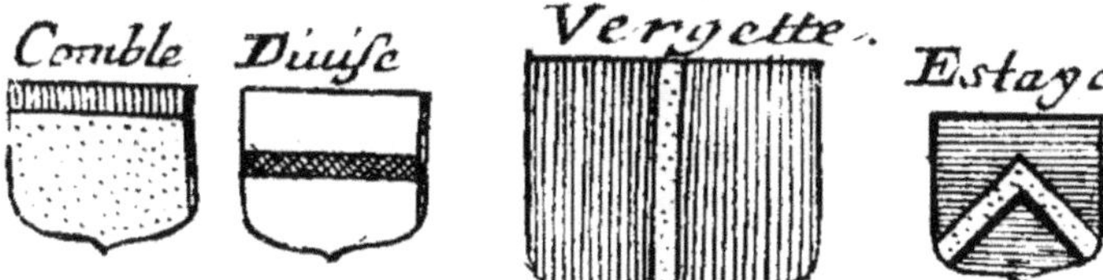

BRISVRES

le Fils Aisné porte comme le Pere.

Le II. y adiouste vn Lambeau de
3. pieces.

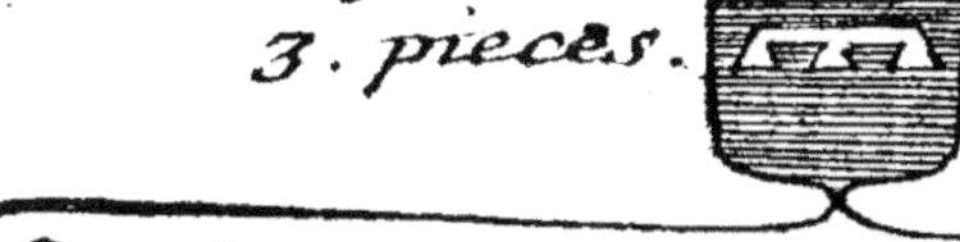

Son Second | Son III. vn | Son IV vn
vn Lambeau | Lambeau mou- | Lambeau chargé
de 4. pieces. | vant du Chef. | de petites pieces.

Le III. vne Bordure.

Son Second | Son III. vne | Son IV. vne
vne Bordure | Bordure, | Bordure,
engreslée. | Besantée. | Componée.

 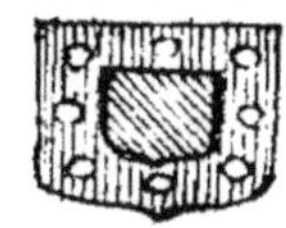 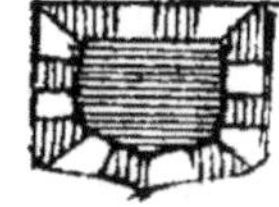

Le IV.   vn   Orle.
Le V.   vn   Baston.
Le VI.   vne   Bande.
Le VII.   vn   Chef.
Le VIII.   vn   Canton.

Table XI.

PAVILLONS

des principales Nations qui vont sur Mer.

des Francois.   *des Espagnols.*   *des Anglois.*

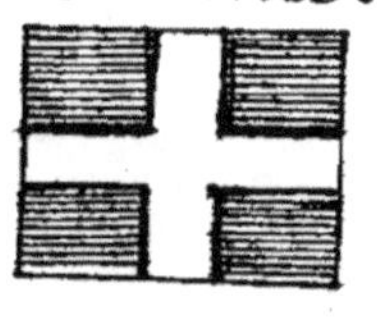  

des Holandois.   *des Escossois.*   *des Danois.*

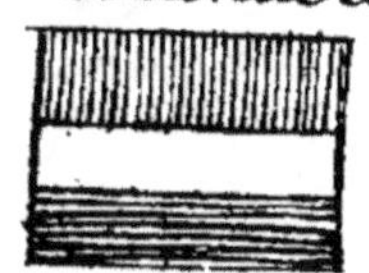  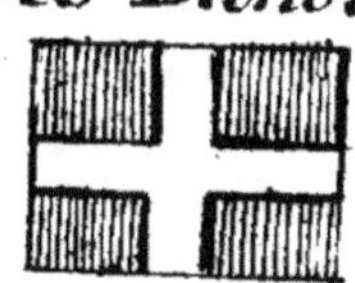

des Suedois.   *des Malthois.*   *des Turcs.*

Pavillon Royal de France.

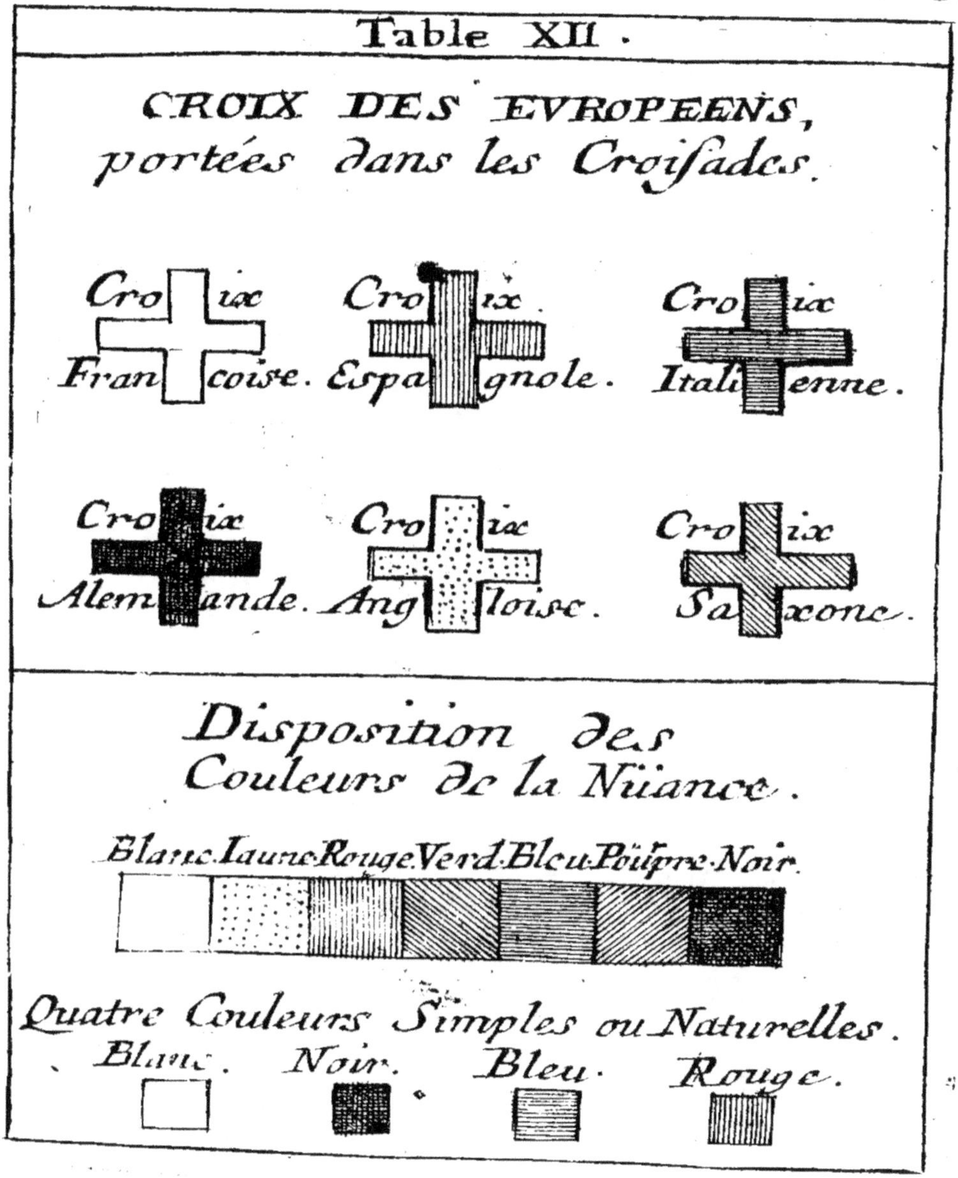

Table XII.

CROIX DES EVROPEENS,
portées dans les Croisades.

Cro ix
Fran coise.

Cro ix
Espa gnole.

Cro ix
Itali enne.

Cro ix
Alem ande.

Cro ix
Ang loise.

Cro ix
Sa xone.

Disposition des
Couleurs de la Nüance.

Blanc. Iaune. Rouge. Verd. Bleu. Poürpre. Noir.

Quatre Couleurs Simples ou Naturelles.
Blanc. Noir. Bleu. Rouge.

Table XIII.

COURONNES

du Roy.

de Mgr. le Dauphin.

d'vn Prince du Sang.

d'vn Duc.

d'vn Marquis.

d'vn Comte.

d'vn Vicomte.

d'vn Baron.

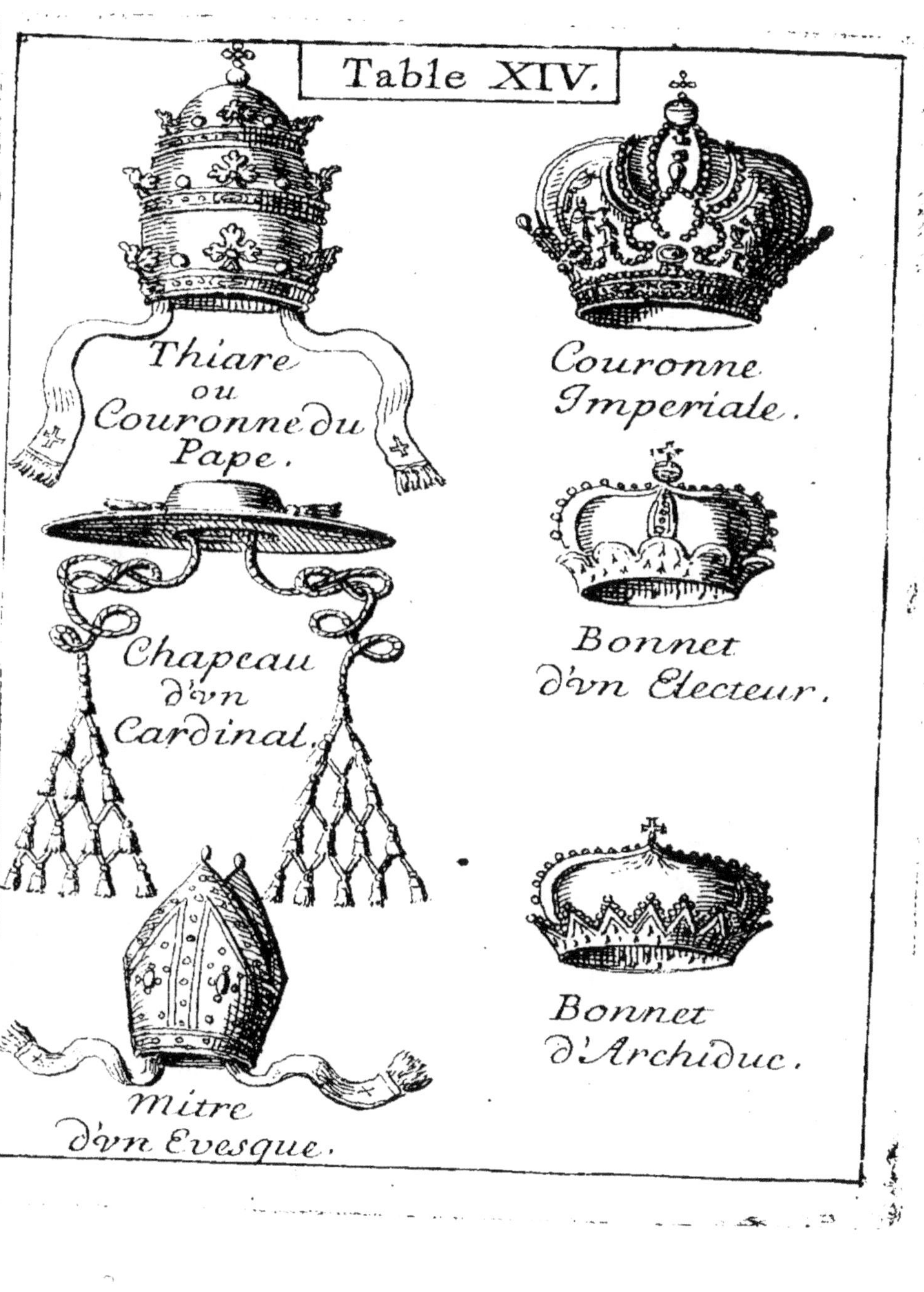

Table XIV.
Thiare ou Couronne du Pape.
Couronne Imperiale.
Chapeau d'vn Cardinal.
Bonnet d'vn Electeur.
Bonnet d'Archiduc.
Mitre d'vn Evesque.

CASQVES.

du Roy.

d'vn Duc.

d'vn Marquis

d'vn Comte et
d'vn Vicomte.

d'vn Baron.

d'vn Chevalier.

d'vn Gentil-homme
de trois races.

d'vn Nouueau
Noble.

Pauillon du Roy

REMARQVES
SVR LE
BLASON.

CEvx qui traitent de l'Art du Blason, disent que cét Art est la maniere de disposer, de colorer, & de déchifrer les Armes. Ils disent aussi qu'il y a deux sortes de Noblesse, l'vne d'Extraction & l'autre de Vertu: que la Noblesse d'Extraction vient des Ancestres, qu'elle se continuë à leurs Descendans; & que la Noblesse de Vertu, se trouue en la Personne que la Vertu annoblit. Il est certain que la Noblesse d'Extraction, est ou commençante, ou croissante, ou parfaite.

B

Pour marquer leur Puissance, &
pour se distinguer les vns des autres,
les Nobles font mettre des Armes
que nous appellons Armoiries dans
vn Ecu qui represente leur Bouclier.
On diuise l'Ecu suiuant les diuers
Coups d'Epée qu'on peut porter sur
son Ennemi. Le Taillé est rare, parce que le Coup qui le forme ne semble estre propre qu'à vn Gaucher.
Voyez la 1. Table.

L'Vsage des Armes est fort ancien,
mais les Regles du Blason n'ont esté
suiuies qu'apres les Croisades & les
Voyages que l'on a faits en la Terre-
Sainte. On en peut estimer l'Origine Françoise, parce que nostre Na-
tion, qui a tousiours aimé les Couleurs, a fourni les autres Peuples des
principaux termes de cette Science;
& parce que les Pieces Honorables
sont ici plus frequentes qu'ailleurs.
Les Armes du Royaume de France
sont si anciennes, que l'on n'en re-
marque point, qui, auparauant,
ayent esté blasonnées de cette façon.
Il y a peu de Familles qui puissent

prouuer leur defcendance au delà de cinq ou fix cent ans. Auant Hugues-Capet, elles n'auoient pas de Surnoms. Les Armes n'eftoient pas pour lors Hereditaires; Elles eftoient Armes deFiefs & attachées auxSeigneuries dont on prenoit les noms,quand on les acqueroit: les Armes des Souuerains font, de cette forte, & l'on peut dire qu'elles ont efté dés le temps de Charlemagne: Car pour les diuers Ecus des Anciens, bien qu'ils ayent ferui de modele à nos Armes; ils n'ont pourtant point ferui de marque à la Nobleffe.

Outre ces Armes de Domaine ou de Fiefs, il y a des Armes de Pretention,de Succeffion, de Dignité,d'Alliance, de Communauté,de Conceffion,de Patronage & de Famille. Les Armes de Domaine font iointes aux Terres & font prifes par ceux qui les poffedent. Les Armes de Pretention font celles des Terres que l'on pretend. Les Armes de Succeffion font pour ceux qui heritent des Familles ou des Branches éteintes. Les Armes de Dignité sont annexées aux Charges que l'on exerce. Les Armes d'alliance se trouuent dans les Ecus écartelés. Les Armes de Communauté sont celles des Villes , des Compagnies Souueraines, des Eglises , des Ordres Religieux & des Ordres Militaires. Les Armes de Concession sont concedées par le Souuerain. Les Armes de Patronage sont , lors que quelqu'vn met en Chef ou en Ecartelage des siennes, celles du Prince ou du Seigneur dont il est Creature. Enfin, les Armes de Famille sont la distinction des maisons: & c'est de celles là dont ie donne la definition dans l'Alphabet, en l'article des *Armoiries.*

Les Armes les plus simples & les moins chargées , sont estimées les plus anciennes & les plus belles. Les Armes qui sont pareilles ne sont pas tousiours pour vne mesme Maison, & celles qui sont differentes ne sont pas necessairement les marques de diuerses Familles.

Les Metaux, & en suite les Four-

rures, sont des Emaux plus nobles
que ne sont les Couleurs; voila pourquoy, d'ordinaire, ils ont la place la
plus Honorable, c'est à dire, la Droite
dans les Ecus Partis, (la Droite est
consideré à l'égard de celui qui tient
l'Ecu) & le Haut dans les Ecus, qui
sont ou Coupez, ou Tranchez, ou
Taillez. On voit la mesme chose
dans les Ecus qui ont vne autre Figure.

Le Pourpre, qui n'est pas receu
parmi les Gens de Guerre, est fort
peu en vsage dans le Blason. Ceux
qui le rejettent entierement disent,
que le *Purpureus* des Latins signifie le
Rouge, & non pas le Pourpre ; &
que l'Argent posé sur les Armes, pa-
roist du Pourpre à la suite d'vn long
temps. On nomme le Pourpre Am-
phibie, parce qu'on a crû le pouuoir
mettre & sur Metail, & sur Couleur.
Les Anglois ont trois Couleurs plus
que nous n'auons : ils ont la San-
guine qu'ils font de Laque; l'Orangé,
où *ils* font entrer de la Mine de
Plomb; & le Tanné, qu'ils compo-

fent de Gueules , & de Sable.

Il y en a auſſi qui adjouſtent le Gris , mais tout cela eſt fort rare ; la Carnation pour le Corps Humain & les Couleurs naturelles des Animaux & des Plantes ſont plus vſitées.

Vne Regle generale dans le Blaſon eſt de ne mettre jamais Métail ſur Métail , ni Couleur ſur Couleur, autrement les Armes ſont, ou fauſſes, ou couſuës , ou à enquerir ;

Lors que dans le Champ il y a pluſieurs Pieces ſemblables & en nombre determiné, le plus grand nombre doit eſtre mis en Haut, & le moindre en Bas.

Quand on Blaſonne , on commence par le Champ de l'Ecu , on continuë par les Figures qui le touchent & on ſpecifie leur Diſpoſition. S'il y a de l'Ecartelage , l'on commence par le premier Quartier , & apres on ſuit l'ordre des autres Quartiers de droite à gauche ; & comme le 1. & le 4. le 2. & le 3. ſont ſouuent pareils, on les déchifre enſemble.

On ne met point de Pieces qui

compofent le Nom de celui qui les doit porter; & l'on appelle *Parlantes,* les armes où elles fe trouuent. Neanmoins, il y des Maifons tres-Illuftres, dont les Armes ont du rapport à leurs Noms, & plufieurs Familles venuës des Pays étrangers ont des Armes Parlantes en, leur Langue Originaire, qui ne le femblent pas eftre en la noftre.

Les Rebus & les Devifes font fort rares. Les François font les premiers qui ont fait des Devifes, mais les Italiens en ont les premiers donné les Regles. Les principales de ces Regles font que le corps ou la figure de la Devife ne foit ni ridicule, ni funefte, ni enigmatique : que le mot de la Devife foit noble, & conuienne également à la figure & à la perfonne figurée.

Lors qu'il y a plufieurs Alliances, on place les principales Armes dans vn Ecuffon fur le milieu, ou bien on les met dans le Premier Quartier.

Les Grandes Pieces eftant feules,

occupent la troisiéme partie de l'Ecu:
Lors qu'elles font accompagnées,
on fe difpenfe de cette Regle à caufe
de l'Ornement, & on les fait plus
étroites, mais le moins que l'on peut.
Lors qu'elles font multipliées, elles
donnent le Nom aux Ecus, auffi bien
que les autres Pieces moins Honorables, pourueu que leur nombre foit
pair; car s'il eft impair, le plus grand
nombre de ces pieces marque le
Champ.

Les petites pieces donnent quel-
que-fois leurs noms aux principales
qui les portent. On doit fpecifier le
Nombre & l'Email de la pluspart
d'entr'elles. Lors qu'elles paffent le
nombre de feize, l'Ecu eft dit Semé.

Il y a auffi des pieces diminuées,
c'eft à dire retreffies. *Voyez la VII.
Table, la VIII. & la IX.*

On peut mettre en France iufqu'à
32. Quartiers dans vn Ecu, mais il y
a de la confufion lors que cela arriue.
Ce grand nombre de Quartiers eft
plus ordinaire en Alemagne, qu'ailleurs. La Regle generale pour bien

distribuer l'Ecu en ses Quartiers est d'en obseruer tous les traits, auecque leur disposition ; & de commencer tousiours par ce qui est en haut & à la droite. *Voyez la VI. Table.*

L'Ecu est dit Rempli, lors qu'il y a plusieurs Alliances : les Armes sont dites Chargées, lors que les grandes pieces en portent d'autres.

L'Ecu Parti est pris d'ordinaire par les Femmes Mariées qui font mettre les Armes de leurs Maris à Droite & les leurs à Gauche. Toutes ces Armes doiuent estre mises entieres, car autrement il arriue quelquefois qu'elles ne paroissent pas ce qu'elles sont veritablement, & vn Chevron peut estre pris pour vne Bande ou pour vne Barre.

Les pieces qui composent les Armes du Souuerain ne peuuent pas estre mises dans les Armes de ses Sujets, que par Concession du mesme Souuerain.

Outre les Pieces plus & moins Honorables de l'Ecu, qui sont les Figures propres du Blason, l'on y en a mis de

Naturelles, plusieurs choses Animées & Inanimées , des Bestes à quatre pieds, des Dragons, des Insectes, des Arbres , des Feüilles , des Fleurs, des Fruits , des Herbes , &c. on a esté chercher des Poissons dans la Mer & dans les Riuieres : Vn grand nombre d'Oiseaux dans l'Air , des Salemandres en la Sphere du Feu : & enfin, des Soleils, des Lunes, des Estoilles, des Cometes , & des Méteores dans les Cieux. On donne douze Rayons au Soleil, pour le distinguer des autres Astres & des Méteores. On a mesmes employé la Figure des Hommes , celle des Anges , & oütre cela toutes fortes de Figures Artificielles , comme des Chasteaux, des Maisons , & d'autres qui font aisément connuës, lors qu'on les voit dans les Ecus.

Les Animaux font representez en leur Affiette la plus Naturelle : Le Lion est rampant, le Chien courant, ou affis fur fon derriere, le Loup rauiffant , le Cerf couché ou paffant, le Bœuf paiffant &c. On fait toûjours les Arbres Verds.

Les Pieces d'Honneur que l'on porte aux Obſeques des Princes & & des grands Seigneurs, ſont les Eſperons, les Gantelets, l'Eſpée d'Armes, le Tymbre, la Cotte-d'Armes, l'Ecu, le Guidon, la Cornette, l'Enſeigne, la Trompette, &c. Les Figures de ces Pieces ſont d'ordinaire accompagnées de Deuiſes.

Les Nations qui vont ſur Mer ont des Enſeignes Particulieres qu'ils appellent Pavillons ; *Voyez l'onzieme Table.*

Dans les Armées, les François portent des Echarpes Blanches, les Eſpagnols en ont de Rouges, les Süedois de Noires, &c. Les Européens ont porté diuerſes Croix en leurs Drapeaux, lors qu'ils ont fait la Conqueſte de la Terre-Sainte. *Voyez la X I I. Table.*

Bien qu'il y ait quelques Regles particulieres touchant les Briſures, neanmoins les Cadets les font telles qu'ils le trouuent à propos. Quelques-vns d'eux écartelent leurs Ar-

mes de celles de leurs Meres, plufieurs retranchent quelques Pieces
des Armes de leur Aifné, ou bien ils
les changent de pofture; & d'autres en
conferuent à la verité les Pieces, mais
c'eft en changeant leur Email: tant y a
qu'en quelque maniere que ce foit, il
faut que les Ecus de ces Cadets foient
Brifés, afin d'empefcher les defordres
qui peuuent naiftre touchant les
auantages de l'Aifné. Les François
brifent fouuent en ajoûtant le Franc-
Quartier, ou d'autres Pieces. Les
Cadets qui fe font établis en des Païs
Etrangers, y peuuent porter leurs
Armes pleines, comme Chefs de Familles. Les Ecclefiaftiques ne font
pas obligés de brifer. Les Prelats
des Ordres Religieux portent les Armes de leur Ordre fur celles de leur
Famille. La Brifure qui fe fait auec la
Bordure, eft celle qui altere le moins
les Armes. Elle eft fort pratiquée
parmi les Efpagnols. Dans les Armes des Aifnez, il y a quelquefois des
Accroiffemens qui font des Marques
d'Honneur, & non pas des Brifures.

Pour l'ordinaire les Brisures sont d'vn autre Email que n'est le Champ, bien que sans choquer les Regles du Blason, vne brisure de gueules puisse estre employée en vn Champ d'Azur. *Voyez la Dixiesme Table.*

Les petites Pieces des Brisures sont mises vers le Costé Droit du Chef, car estant vers le Costé Gauche, elles marquent Bâtardise ; & c'est pour ce sujet que les Barres sont fort peu en vsage. L'Ecu des Bâtards est nommé Flestri.

Les Degrés des Ancestres sont en cet Ordre, le Pere, l'Ave ou Ayeul, le Proave, ou Bisayeul, l'Abave, ou Trisayeul, l'Atave, & les autres Ancestres que les Anciens appelloient du nom general de Majeurs.

Si dans les Armes, il se trouue quelque chose qui ne soit point suiuant les Observations cy-dessus, le Blason a de coustume de le specifier.

Ornemens de l'Ecu.

LEs principaux Ornemens de l'E-
cu sont les Couronnemens, & ce
qui les accompagne, comme Cimiers,
Supports, Bourlets, Volets, Lambrequins, &c. *I'en donne les Defini-*
tiõs en l' Alphabet des Termes du Blason.

Les Couronnemens sont les Marques dont on se sert pour distinguer
les Dignités. Ces Dignités sont, ou
Ecclesiastiques, ou Politiques, ou
de la Robbe.

Pour les Dignités Ecclesiastiques,
il y a premierement la Thiare du Pape, qui est vn Bonnet Rouge, enuironné d'vne triple Couronne d'Or,
orné d'vn Globe & d'vne Croix à son
Sommet, auec deux pendans semez
de Croisettes. Le Pape met aussi derriere son Ecu deux Clefs, l'vne d'or
& l'autre d'argent. Il y a ensuite,
le Chapeau Rouge des Cardinaux,
où le nombre des Houppes n'est
pas reglé, bien qu'on leur en donne quinze de chaque costé. Le

Chapeau Verd des Archeuefques a
dix Houppes & celui des Euefques
en a fix. La Mitre & la Croſſe de
quelques Euefques & de quelques
Abbez. Le Chapeau Noir des
Abbez Mitrés a fix houppes , celui
des Protonotaires de meſme couleur
en a trois. Les Abbeſſes mettent
la Croſſe derriere l'Ecu, le Chapelet
autour. Les Prieurs accollent l'Ecu
d'vn Bourdon mis en pal,& les Chan-
tres d'vn Baſton de Chœur ou d'vne
Maſſe de Chapitre. Les Archeuefques accollent leur Ecu d'vne Croix
fleuronnée au deſſous de leur Chapeau. Quelques Primats, Patriarches
& Legats la portent à double trauerſe
Les Euefques mettent la Mitre de
front fur la droite de leur Ecu, & la
Croſſe tournée en dehors ; les Abbés
ont la Mitre de profil , c'eſt à dire vn
peu tournée, & la Croſſe en dedans.

Pour les Dignités Politiques,il y a
la Couronne de l'Empereur, qui a la
figure d'vne Mitre abbaiſſée, & au
milieu de ſes deux Pointes, vn Diadéme furmonté d'vne Boule ronde,&

d'vne **Croix de Perle.** Il y a les Couronnes Royales, & autres, dont on peut voir l'Explication en l'Alphabet. Il y a auſſi le Bonnet de l'Archiduc, les Bonnets des Electeurs, qui ſont de Pourpre, fourrés d'Hermines, & cerclés d'Or. Il y a auſſi des Caſques de diueſes ſortes. *Voyez l'Article du Tymbre, en l'Alphabet des Termes du Blaſon.*

Entre les Dignités de la Robe, il y a pour le Chanchelier le Mortier de toile d'Or, rebraſſé d'Hermines, poſé ſur le Tymbre de ſes Armes duquel ſort pour cimier vne figure de Reine repreſentant la France ayant à la main droite le Sceptre & à la gauche les grands Sceaux du Royaume : Derriere l'Ecu, il y a deux grandes Maſſes d'or paſſées en Sautoir auec le Manteau d'écarlate orné de rayons d'or vers le haut, & fourré d'Hermines. Le Mortier des Preſidens eſt de Velour Noir, bordé d'vn galon d'Or par haut. Les Premiers Preſidens placent l'Ecu de leurs Armes ſur vn Mãteau d'écarlate four-

ré de petit gris, & leur Mortier eſt
bordé d'vn galon d'or par haut &
par bas.

Le Cimier & les Supports ſont
ſouuent de meſme ; c'eſt à dire, on
met ſur la Cime du Tymbre, des choſes pareilles à celles qui ſupportent
l'Ecu. Quelquefois le Cimier eſt
different des Supports en peu de choſe. Les vns & les autres ſont tirés
des principales Pieces de leur Armoirie, ſi ce n'eſt qu'il y ait matiere d'enquerir. Differentes Familles peuuent
auoir vn meſme Cimier & de pareils
Supports : s'il y a vn Lion ou vn autre animal au Cimier, on lui donne
la ſituation du Caſque, c'eſt à dire, on
le tourne ou de coſté, ou de front.
Les deux Anges qui ſeruent de Tenans aux Armes de France, ſont depuis Charlemagne. Les Cardinaux,
les Archeueſques & les Eueſques
peuuent auoir des Anges pour Tenans, mais les Seculiers ne les peuuent
porter que par conceſſion du Roy.

Outre ces Ornemens, il y a des
Pavillons qui reſſemblent à des Ten-

tes; Ils font feulement pour vn Empereur, ou pour vn Monarque Souuerain, qui ne dépend que de Dieu,
& de fon Epée. Si les autres Souuerains s'en feruent, ils en oftent le
Comble, fe contentans des Courtines,
& c'eft ce qui rend le Pavillon fem-
blable à vn Manteau Ducal. L'vfage
des Pavillons & des Manteaux de
Princes & de Ducs femble eftre venu de celui des Lambrequins.

Le Pavillon fous lequel le Roy
pofe fes Armes eft le plus riche, le
plus éclatant & le plus magnifique
que l'on ait iamais veu. Il eft femé
en dehors de Fleurs-de-Lys, l'Ecu
y eft entouré des Colliers de fes
Ordres & fouftenu par deux Anges.

Les Ducs & Pairs enuelopent leurs
Armes d'vn Manteau doublé d'Hermines armoyé au dehors de pieces
de leurs Blafons; il les accoftent auffi
de deux palmes s'il ne font entourées
de quelque Collier.

Marques exterieures, pour les Ecus des principaux Officiers de la Couronne.

LE Connestable portoit à chaque costé de ses Armes, vne Main Dextre armée d'vn Gantelet, laquelle sort d'vn nüage, & tient vne Epée nuë, la pointe en-haut.

L'Amiral ou le Grand Maistre Chef & Sur-Intendant General de la Navigation & du Commerce de France, porte deux Anchres d'or passées en Sautoir derriere l'Ecu.

Le Chancelier porte de mesme que nous auons dit en l'article precedent.

Le Grand Maistre de la Maison du Roy porte derriere ses Armes deux Bastons garnis de Vermeil doré, dont les deux bouts d'en-haut se terminent en Couronnes fleurdelisées & fermées.

Le Grand Maistre de l'Artillerie porte au dessous de ses Armes deux

Canons , ou Coulevrines ſur leurs
Affûts.

Le Colonel General de la Caua-
lerie Legere , a quatre Cornettes de
France , deux de chaque coſté de ſon
Cimier.

Les Maréchaux de France , portent deux Baſtons fleurdeliſés paſſés
en Sautoir derriere l'Ecu de leurs Armes.

Le Grand Ecuyer , met à coſté de ſon
Ecu , deux Epées Royales en fourreau , auec leurs ceintures ſemées
de France , la Garde & la Boucle
d'Or.

Le Grand Chambellan , porte derriere ſes Armes deux Clefs d'Or paſſées en Sautoir , dont les Anneaux ſe
terminent en Couronnes Royales
d'Or.

Le Grand Aumoſnier , a vn Livre
de Gueules , & au deſſus du Livre les
Armes du Roy , auec les Colliers des
Ordres de Sa Majeſté en broderie
d'Or.

Le Grand Veneur , a deux Grands
Cors de Chaſſe , auec leurs attaches

au deſſous, & à coſté de l'Ecu.

Le Grand Fauconnier, a deux Leurres.

Le Grand Louuetier, a deux Teſtes de Loup de front, ou au deſſous, ou à coſté.

Le Grand Pannetier, porte à coſté de l'Ecu de ſes Armes, la Nef d'Or, & le Cadenat.

Le Grand Echançon a deux Bouteilles de Vermeil doré, où ſont les Armes du Roy.

Le Premier Ecuyer Tranchant porte au deſſous vn couſteau & vne fourchette poſés en Sautoir, les Manches ſemés de France, auec vne Couronne d'Or au bout.

Les Capitaines des Gardes du Corps, ont deux Baſtons d'ébene paſſez en Sautoir, auec les Pommaux & les Bouts d'yuoire.

Le Grand Preuoſt de l'Hoſtel, a deux Faiſceaux de Verges d'Or, poſés en Sautoir, liés de cordons d'azur, auec vne Hache d'Armes au milieu des Faiſceaux.

Le Grand Maréchal des Logis, a

vne Maſſe & vn Marteau d'Armes
paſſés en Sautoir au deſſous de ſon
Ecu.

Le Colonel General de l'Infanterie faiſoit mettre à chaque coſté du
Cimier de ſon Ecu deux drapeaux,
l'vn blanc & l'autre bleu celeſte; &
le Sur-Intendant des Finances auoit
deux Clefs en pal aux coſtés de ſon
Ecu, l'vne d'or & l'autre d'argent:
mais ces deux Charges ont eſté ſu-
primées.

ALPHABET
DES TERMES
DV BLASON,
LES PLVS DIFFICILES.

 BB AISSE', ſe dit d'vne grande Piece qui eſt miſe plus bas que l'ordinaire.

Abiſme, le Milieu d'vn Ecu Plain, ou d'vn Ecu dont les autres Pieces ne touchent point celle que l'on dit eſtre miſe en Abiſme.

Aceollé, ſe dit des choſes qui ſont liées ; ou d'vn Animal qui a vn Collier ; ou de deux Ecus qui ſont joints enſemble, ainſi que ſont ceux de France & de Nauarre dans les Armes du Roy.

Accompagné, ſe dit de quelque grande Piece, qui en a d'autres autour de ſoy.

Accorné, se dit d'vn Animal qui porte des Cornes d'vn Email different de celui de son corps.

Accosté, ou *Costoyé*, est lors qu'il y a quelques Pieces aux Costez d'vn Pal, ou d'vne Bande.

Addextré, c'est lors que l'Ecu est parti d'vn Quart vers le costé Droit, ou lors qu'on aioûte vne Piece à droite de celle qui est au Milieu de l'Ecu.

Aiguisé, se dit des Pieces qui se terminent en Pointe.

Ajouré, on appelle ainsi le Chef qui laisse vn Espace vuide & en demi-rond, au dessus de l'Ecu.

Alaisé, ou *Alisé*, & *Arresté*, se dit des grandes Pieces qui sont racourcies, & qui ne touchent point le Bord de l'Ecu.

Alelions, ou *Alerions*, Aiglons sans Bec & sans Iambes, qui ont les Aîles étendues.

Alisé, voiés *Alaisé*.

Allumé, se dit des yeux des Animaux.

Amphistre, vn Serpent, ou Aislé,

ou

ou à deux Teſtes, dont l'vne eſt en
la Place de la Queuë.

Angenie, vne Fleur imaginaire à
ſix feüilles qui ſont quelquefois per-
cées.

Anglé, ſe dit d'vne Piece qui a
quelque choſe en ſes Angles.

Animé, ſe dit d'vn Animal,
quand il a les yeux d'vn Email different de celui de ſon corps.

Anille, reſſemble à deux Cro-
chets qui ſont en demi-rond, adoſſés
& liés par le milieu.

Annelets, de Petites Boucles rondes comme des Anneaux.

Appaumé, ſe dit de la Main qui
montre le dedans. Deux mains qui
ſont l'vne dans l'autre, ſont dites Appaumées.

Ardent, ſe dit des Charbons al-
lumés.

Armé, ſe dit d'ordinaire d'vn
Lion, ou d'vn Léopard qui a des
Ongles.

Armes, veut dire Armoiries.

Armes-Fauſſes, ſont celles qui ſont
contre les Regles.

C

Armet, est vn Casque.

Armoiries, Marques d'Honneur d'émaux & de figures determinés, données ou autorisées par le Prince pour la distinction des Familles, ou des Communautés. Les Parties qui composent l'Armoirie sont, l'Ecu, les Emaux, les Figures, les Supports, le Cimier, la Devise, le Cri de Guerre, & les Marques de Dignité. Quelques-vns de ces Ornemens sont anciens, & quelques autres de nouuelle Institution.

Arraché, se dit de l'Arbre qui montre sa Racine, ou bien des Animaux, lors que la Plume, ou le Poil couure la Chair où ils sont mal tranchez.

Arresté, voiés *Alaisé*.

Assaillans, les Descendans des Enfans.

Azur ou *Asur*, la Couleur Bleuë, On la represente par des traits tirés horisontalement de la droite à la gauche de l'Ecu.

B

Badelaire, Cimeterre Ancien.

Bande, vne grande Piece qui va de l'Angle Droit du haut de l'Ecu à l'Angle Gauche du bas.

Bannerets & *Bacheliers*, Anciens Nobles de Bretagne & de Poitou, qui auoient rang au deſſus des Simples Gentils-hommes.

Banniere, vn Ecu quarré.

Banniere de Guerre, eſt vne Enſeigne.

Barbé, ou *Barbelé*, ſe dit d'vn Coq.

Barre, ou *Contre-Bande*, vne Piece qui va de l'Angle Gauche du haut de l'Ecu, à l'Angle Droit du bas. Elle marque ordinairement Bâtardiſe. De là eſt venu le Proverbe, eſtre de Contre-Bande, Eſtre de Coſté Gauche.

Bars, ou *Barbeaux*, vne Eſpece de Poiſſon.

Baſſinet, vn Ancien Caſque.

Baſtille, vn Chaſteau garni de Tours.

Baston , Il n'a point de largeur de-
terminée , nean-moins on le fait d'ordinaire large de la douziéme Partie
de l'Ecu. Il est tousiours couché
comme la Bande. Et il a vn tiers
moins de sa largeur , quelques-vns
disent qu'il doit montrer les deux
bouts , & que s'il touche les deux
Bords de l'Ecu , on l'appelle Cottice.

Bataillé , se dit d'vne Cloche qui
montre son Batail.

Becqué , se dit d'vn Oiseau qui a
le Bec d'vn Email different de celui
de ses Plumes.

Beffroy , vn Vair de trois rangs, selon la commune opinion : car Beffroy
est vne Echauguette où l'on fait sen-
tinelle.

Belic , la Couleur Rouge.

Bellier , vn Animal , & vne Ma-
chine de Guerre.

Besans , Pieces de figure ronde,
tousiours de Metail, ou de Fourrure.
L'on n'en met pas plus de huit.

Billettes-Couchées , sont posées en
Fasce , c'est à dire en long , ou de

trauers.

Bisse, vn Serpent.

Blason, la Maniere de disposer, de colorer & de déchifrer les Armes.

Bordure, vne Grande Piece le long & en dedans du Bord de l'Ecu, dont elle occupe la sixiéme partie de chaque costé.

Bouclé, se dit d'vn Animal qui a vne Boucle dans le Muffle.

Boucles, sont Rondes ou Quarrées.

Bourlet, vn Tour de Livrée posé sur le Casque, & de mesme Email que les Armes.

Bouterole, le Bout d'vn fourreau d'Espée, ou d'vn fourreau de Cimeterre.

Boutonné, se dit de la Rose, dont le Cœur est d'vn autre Email que ne sont les Feüilles.

Bretessé, se dit d'vne Piece qui a des Creneaux.

Briques, montrent trois Faces, au lieu que les Billettes n'en montrent qu'vne.

Brisé, se dit du Chevron qui est

rompu, ou des Armes des Cadets, qui font quelques Brifures pour la di-ftinction des Branches de leur fa-mille.

Brifures, Marques obfervées dans les Armes desCadets & de leurs Def-cendans, afin de les diftinguer de leurs Aifnez, & les vns des autres.

Brochant, fe dit d'vne piece qui paffe deffus les autres, & qui trauer-fe les Emaux de l'Ecu.

Buffles, ont le Muffle gros & court, auec vn Floquet de Poil entre les Cornes.

Burellé, fe dit de l'Ecu compofé de dix ou douze Fafces.

Burelles, Fafces menuës & eftroi-tes. Ceux qui les diftinguent des Trangles, difent que les Burelles font toufiours en nombre Pair.

Buft, la Tefte, & vne partie de la Poitrine de l'Homme.

C

*C*Abré, fe dit du Cheual élevé.
Cancerlin, vne Couronne de Ruë.

Cannettes , Oiſeaux de Riuiere qui ont les Aiſles ſerrées , & que l'on repreſente auec leur Bec & leurs Pieds.

Canton , eſt plus petit d'vn tiers que n'eſt vn Quartier d'Ecu : On le met vers l'Angle Droit & Supe-rieur de l'Ecu, dont il occupe la hui-tiéme partie.

Cantonné , eſt lors qu'il y a quel-ques Pieces aux quatre Cantons qui ſont autour d'vne Croix.

Carnation , la couleur de Chair.

Caſque, Voiés *Tymbre*.

Cercle-perlé , eſt la Couronne des Vicomtes.

Champ , le fond de l'Ecu.

Chanter, ſe dit des Armes Parlan-tes.

Chaperonné, ſe dit des Oiſeaux de proye, qui ont les yeux fermés.

Chappé, ſe dit de l'Ecu diuiſé en Chevron d'vn ſeul trait , qui laiſſe le Chef & la Pointe pleins , c'eſt à dire ſans aucune Piece.

Chargé , c'eſt lors que ſ[...] vne Grande Piece, il y en a quelqu'autre.

Chat, eſt repreſenté heriſſonné, & de front.

Chauſſé, ſe dit de l'Ecu diuiſé en Chevron renuerſé d'vn ſeul trait; c'eſt le contraire de Chappé.

Chef, vne Grande Piece au haut de l'Ecu, dont elle occupe le Tiers eſtant ſeule. Elle ne ſe multiplie point.

Cheuilles, les Cornichons du Bois d'vn Cerf.

Chevron, vne Grande Piece dont la Pointe aboutit au milieu du Haut de l'Ecu, & les deux Pieds aux Angles de la Dextre & de la Seneſtre du Bas du meſme Ecu.

Cimier, vne Piece éleuée, qui ſe met ſur la Cime des Tymbres. Il ſe diuiſe en Couronnement, & en veritable Cimier.

Cinabre, la Couleur Rouge.

Clarine, vne petite Clochete que l'on met d'ordinaire au Col des Bœufs & des Vaches.

Cleché, ſe dit de l'arondiſſement en Poi___ de la Croix de Thoulouſe. Quelques-vns diſent que Cleché &

Vuidé font le mesme.

Colleté, se dit d'vn Animal qui a vn Collier.

Comble, vn Chef diminué.

Componné, c'est lors que les Grandes Pieces font diuisées d'vn rang par vn simple trait en plusieurs petites Pieces, les vnes de Metail, & les autres de Couleur.

Contourné, se dit d'vn Animal qui regarde le Costé gauche de l'Ecu. Les Alemans contournent souuent les Animaux de leurs Ecus, afin qu'ils regardent ce qui est à Gauche.

Contre-Bande, est la mesme chose que la Barre.

Contre-Bandé, *Contre-Fascé*, se dit lors que les Bandes ou les Fasces font coupées ou partagées en deux parties égales, par vn Trait qui fait la separation des Emaux.

Contre-Ecartelé, lors que l'vn ou deux des quartiers de l'Ecu Ecartelé se trouue auoir de l'Ecartelage.

Contr'-Hermines, Hermines d'Argent en Champ de Sable.

Contre-Vairé, est lors que les Vai-

res font oppofés l'vn à l'autre , c'eft
à dire que l'azur eft oppofé à l'a-
zur &c.

Coq-hardi , vn Coq qui a le pied
leué.

Coquerelles , ou *Coquerettes* , font
des Fleurs faites comme des Bourfes,
qui enferment vn Grain Rouge de la
groffeur d'vne Balle de Moufquet;
on les explique vulgairement des
Noifettes Vertes en fourreau.

Cordeliere , Cordon de Soye Blanche & Noire, autour des Armes des
Reines & des Femmes vefues. Anne
de Bretagne, vefue du Roy Charles
V I I I. en introduifit l'vfage.

Corne , Bois de Cerf feparé.

Corniere , vne Anfe de Pot.

Coftoyé , voyés *Accofté*.

Cottice, vne Bande plus petite de
la moitié que la Bande ordinaire.

Coupé, c'eft lors que l'Ecu eft di-
uifé dans le milieu par vne Ligne
droite , tirée horizontalement de
droite à gauche. Il fe dit auffi des
Membres d'Animaux,lors qu'ils font
tranchés nettement.

Courant, se dit du Lievre, & du Chien.

Couronnes, Elles sont de plusieurs sortes, & Anciennes & Modernes. Les Anciennes estoient ou Triomphale, ou Obsidionale, ou Civique, ou Murale, ou Castrense, ou Nauale. Les Couronnes Modernes pour la pluspart sont d'Or : celle des Roys est fermée ; Celle de France est Fleuronnée de Fleurs-de-Lys ; Celles des autres Roys le sont de füeilles d'Ache comblées d'vne Croix. Celle des Roys d'Angleterre est fleuronnée de Croix & de Fleurs-de-Lys Celle des Ducs de Sauoye comme Roys de Chipre est terminée par vne Croix treflée de Saint Maurice : Celle du grand Duc de Toscane est ouuerte à hautes pointes, auec vne Fleur-de-Lys épanoüie de Florence : Les Princes de la Maison de France la portent ouuert & fleurdelisée. La Couronne des Ducs est fleuronnée de füeilles d'Ache ou de Persil. Celle des Marquis a 3. Fleurons ou füeilles d'Ache meslées à des Perles mon-

C vj

tées. Celle des Comtes eſt toute
perlée ; celle des Vicomtes doit auoir
trois groſſes Perles, & on l'appelle
Cercle perlé ; celle des Barons eſt vn
Bonnet greſlé de Perles.

Couſu, lors qu'vne Piece de Couleur ſe trouue dans vn Champ de
Couleur.

Creſté, ſe dit d'vn Coq.

Cris de guerre, La marque des Seigneurs, qui autrefois auoient droit de
leuer & de conduire des Troupes.
Ces Cris ſont d'ordinaire le Nom
d'vne Famille, ou quelque Inuoca-
tion de Saint. Ils ſont d'vn ſeul mot
& prononcés à haute voix par ceux
qui font vn raliment dans la meſlée
d'vn Combat. Ils ont eſté plus en
vſage chés les Anciens, qu'ils ne ſont
parmi nous. On les doit toûjours mettre en haut & proche du Cimier. Il
y a des Cris de guerre, de Deffi, d'In-
uocation, d'Incitation, de Ioye &c.

Croiſſant, Il y en a de pluſieurs ſortes : Ils reçoiuent d'ordinaire leurs
noms de leurs diſpoſitions.

Croix, Elles empruntent ſouuent

leurs noms des Petites Pieces qui les chargent, & quelquefois elles ont d'autres noms, mais les Epithetes qu'on leur donne font connoiſtre leur figure.

D

DE l'vn en l'autre, eſt lors que l'Ecu eſt diuiſé en deux Emaux, & que deſſus ces Emaux il y a vne ou pluſieurs pieces d'vn meſme figure, en ſorte que celles de Metail ſont ſur le Champ de Couleur, & celles de Couleur ſur le Champ de Metail.

Defenſes, les Dents du Sanglier qui ſortent de ſa gueule.

Denché, veut dire Denté, ou Dentelé.

Dentelé, a des Dents plus courtes & plus minces que le Denté.

Deviſe, La Sentence qui accompagne les Armes; C'eſt auſſi vn ſimbole qui couure ou qui explique la penſée & le deſſein du Cheualier: auſſi n'eſt-elle qu'vn ornement ac-

eessoire des Armoiries introduit pour
les Tournois & demeuré depuis dans
le Blason. Il y en a de plusieurs sortes.
Quelques-vnes ont Corps sans Ame,
c'est à dire, elles n'ont que des figures , ou des lettres ; d'autres ont
Ame sans Corps ; & la plus - part
ont Corps & Ame. L'on·met les
Devises indifferemment ou en Cimier, ou à costé de l'Ecu , ou au dessous, en des Cartouches , ou en des
Rouleaux. Lors qu'vne Piece principale est posée plus haut ou plus bas
que sa place ordinaire, quelques-vns
disent *en Devise.*

Dextrochere , vn Bras Droit mouuant du Costé Gauche de l'Ecu.

Diadéme , Cercle autour de la Teste des Aigles.

Diapré, se fait à fantaisie d'vn seul
Email par figures, ou d'Oiseaux , ou
de Parterres, ou de Fleurs. On appelle Diaprées les Pieces Damas-
quinées.

Diuise, vne Fasce diminuée d'vn tiers.

Divisé, se dit des grandes Pieces qui
n'ont que la moitié de leur largeur.

Donjon, la partie la plus haute d'vn Chasteau.

Doublures, Fourrures.

Dragonné, se dit d'ordinaire d'vn Lion qui a la queuë d'vn Dragon.

Drapeau, Enseigne d'Infanterie.

Droite de l'Ecu, se dit à l'égard de celui que l'on suppose tenir l'Ecu.

E

ECartelé, se dit de l'Ecu diuisé en quatre parties égales, par deux lignes qui se croisent à Angles droits: ces lignes sont mouuantes du milieu des 4. bords de l'Ecu & se viennent joindre au point du milieu.

Ecoté, On donne cette Epithete à vn Tronc d'Arbre, où il reste des bouts de branches que l'on a coupées.

Ecu, le Lieu où l'on pose les Pieces de l'Armoirie. Il s'en voit de plusieurs sortes. L'Antique estoit couché, & finissoit en Triangle. La

Banniere eſt quarrée. Les Italiens portent vn Ovale : les Filles vn Lozange & autour vne Guirlande de fleurs pour ornement : l'Ecu arrondi eſt ſouuent pris par les Eſpagnols. L'on échancroit quelquefois l'Ecu à droite pour ſeruir d'arreſt à la lance: on faiſoit la méſme choſe en haut afin qu'on le peuſt aiſement accoller; & on l'échancroit aux deux coſtez pour le poſer ſur les bras. Les Alemans & les Bourgeois annoblis ont vne Cartouche. *Voiez la Troiſiéme & la Quatriéme Table.*

Ecu-Plein, il a ſon Champ rempli d'vn ſeul Email, ſans aucune autre Piece.

Ecuſſon, vn petit Ecu.

Effaré ou *Effrayé*, ſe dit du Cheual & du Chat leués en pied.

Email, ce que l'on poſe ſur l'Ecu, ou Metail, ou Couleur, ou Fourrure. *Voyez la premiere Table.* L'Email des Orfevres eſt vne compoſition de Cuivre, ou de quelque autre Metail, auec des Couleurs, que l'on cuit au feu.

Emmanches, Pointes longues &
égales, assés semblables à des Pyra-
mides entées les vnes dans les autres.
Si elles sont plusieurs & courtes, on
dit Endenté & Denché.

Emprise, les Articles d'vn Cartel
de Deffi.

Enchassé, se dit de l'Ecu Tranché & Taillé depuis le milieu du
Flanc.

Encoché & encochée, se dit du Trait
ou d'vne Fleche qui est sur vn Arc.

Engreslé, lors que le vuide qui se
trouue entre les Pointes d'vne grande
piece, est en rond.

Enguiché, ou *Embouté*, se dit
d'ordinaire de l'Embouchûre d'vn
Cor qui a vne virole.

Enquerir, ou *Enquerre*, c'est lors
que dans les Armes, il y a Metail sur
Metail, ou Couleur sur Couleur. Par
exemple les Armes de Ierusalem
sont à enquerir, parce qu'elles ont
des Croix d'or en vn champ d'argent;
ainsi elles sont plus anciennes que
ne sont les Loix Heraldiques.

Enté ou *Nebulé*, se dit de l'Ecu

dont les Parties s'emboëtent l'vne
dans l'autre, ou en rond, ou en mor-
taife.

Enuironné, voyés *Accompagné*.

Equippé, fe dit d'vn Vaiffeau qui
a tout fon Attirail.

Equipollé, voyés *Points-Equipollés*.

Efchiqueté, fe dit de l'Ecu rempli
également par Carreaux de Metail &
de Couleur.

Efchiquier, a des Carreaux égaux,
& d'ordinaire fix en rang. Il eft formé par des Lignes qui fe croifent, &
qui laiffent des Efpaces quarrés &
égaux, que l'on remplit d'Emaux
oppofés.

Efcloppé, c'eft l'Ecartelé en Sautoir,
qui eft Tranché & Taillé tout enfemble.

Efcu, voyés *Ecu*.

Efmail, voyés *Email*.

Efployé, fe dit de l'Aigle qui a les
Aifles eftenduës, quelques-vns pre-
tendent donner ce nom à l'Aigle à
deux Teftes.

Effonier, voyés *Trefcheur*.

Essoré, se dit de l'Oiseau qui prend l'Essor pour voler.

Essoré, se dit de la Couuerture d'vne Maison, qui est d'vn autre Email que n'est la Maison.

Estaye, a le quart de la largeur du Cheuron.

Estoille, a d'ordinaire cinq Pointes, dont l'vne est en haut. L'Estoille n'est jamais percée.

Estrez, selon quelques-vns, vne Croix diminuée de moitié.

F

FASCE, vne des Pieces Honorables & Ordinaires de l'Ecu, où elle est tirée dans le milieu, en allant de Droite à Gauche. On en met iusqu'à huit, bien que quelques-vns n'en veüillent mettre que six. Elles sont tousiours posées en égale distance les vnes des autres, & elles laissent entr'elles autant de champ que chacune d'elles en occupe. Lors qu'il y en a plus de huit, on les appelle Burelles, ou Trangles.

Fermail , Boucle qui a vn Ardillon.

Fiché se dit d'vne Piece qui finit
en pointe en sa partie inferieure.

Fierté , les Dents , les Ailerons , &
la Gueule d'vne Baleine.

Filet, n'a que le quart de la Bande,

Filet en Croix , vne Croix qui n'a
que la 4. partie d'vne Croix ordinaire.

Filiere , le quart d'vne Bordure &
qui presque tousiours est émaillée.

Flancs , les deux Costés d'vn Ecu
Ecartelé en Sautoir , ou Parti par
deux Demi-Cercles qui se touchent
vers leur milieu.

Flanchis , le Tiers du Sautoir.

Flestri , on nomme ainsi l'Ecu des
Bâtards.

Fleuronné , se dit des Pieces dont
les Extremitez finissent en Fleurs.

Florencé , se dit des Croix dont les
bouts se terminent en Fleurs de Lys.

Formé , se dit d'vne Riviere , dont
la surface est d'vn autre Email que le
fond.

Fourchu ; c'est lors que la queuë

d'vn Lion eſt double.

Foy, deux Mains Droites appaumées, ou miſes enſemble.

Franc-Quartier, voiez *Quartier.*

Frettes, Baſtons enlaſſés en Bande, & en Barre. Il y a d'ordinaire ſix
Frettes en l'Ecu.

Fuſeaux, ils ſont plus longs & plus
eſtroits que ne ſont les Fuſées.

Fuſées, ſont plus eſtroites que ne
ſont les Lozanges.

G

GAuche de l'Ecu, ſe dit a l'égard
de celui que l'on ſuppoſe tenir
l'Ecu.

Gay, ſe dit du Cheual Nud, ſans
Bride, ſans Selle, & ſans Caparaſ-
ſon.

Giron, vn Demi-Quartier de l'Ecu,
formé par deux traits tirés de deux
endroits à coſté de l'Angle, vers le
milieu de l'Ecu. On peut nommer
le Giron, vn Triangle irregulier à
longue pointe, & on le peut compa-
rer à la marche d'vn Eſcalier à vis.

Giure, vne grosse Couleuvre, ou vn Serpent qui deuore vn Enfant.

Gonfanon, ou *Gonfalon*, vne Banniere d'Eglise à trois Pans. On en specifie les Franges & les Pendans, s'ils sont d'vn Email different de celui du Gonfanon.

Greslé, se dit de la Couronne des Marquis, & de celles où il y a des Perles.

Grilles, Elles se trouuent en vn Heaume, en vne Porte, & en vn Oiseau de proye qui a des Sonnettes.

Gringolé, se dit des Pieces qui ont quelque Teste d'Animaux en leurs extremitez.

Gueules, la Couleur Rouge. On la represente par des traits perpendiculaires.

Gulpe, vn Tourteau de Pourpre.

H

HAbillé, se dit d'vn Nauire, & d'vn Moulin à vent.

Hachement, c'est vn Lambrequin.

Hachures, font les Traits que l'on pratique dans la Taille douce, pour rendre les Figures du Blason plus intelligibles; & pour fignifier les Emaux, lors qu'il n'y a point de couleurs appliquées. *Voyez la deuxiéme Table.* Chriftofle de Bukens, s'en eft ferui en Flandres l'an 1626. Il y a mefme des Figures d'Armoiries grauées dés le commencement de ce Siecle, dans lefquelles cette inuention eft pratiquée; c'eft pourquoy, c'eft à tort que quelques françois s'en font voulu attribuer l'inuention.

Hamade, vne Fafce racourcie.

Hauffé, fe dit d'vne Piece, lors qu'elle eft plus haute que fon Affiete ordinaire ne permet.

Heaume, voyés Tymbre.

Hermine, Mouchetures Noires fur vn Fond Blanc. Elles reprefentent le bout de laqueuë de l'Hermine, qui eft d'vn beau Noir. Cet Animal eft de la groffeur d'vne Belette, d'vn Poil fort doux & fort blanc. Les Ducs de Bretagne les ont mifes premiere-

ment en Armoiries. On fait venir
le nom d'Hermines d'Armenie, parce que les plus belles de ces fourrures
en font apportées; auparauant on les
appelloit Rats de pont & Rats de
Babilone. Par méme raifon, l'on nomme Zibellines les belles Martres que
l'on faifoit venir de Zibel dit autrement Gibelet en la Terre Sainte.

Hure, la Tefte d'vn Sanglier.

I

IMmortalité, vn Phenix.

Iffant, fe dit d'ordinaire d'vn Lion
qui ne montre que la Tefte.

Iumelles, Deux Filets Paralelles
feparés entr'eux d'vn efpace auffi
grand qu'eft celui de chaque Filet.
Elles font d'ordinaire difpofées en
Fafce, quelquefois en Pal &c. elles
reffemblent à des Rubans où a des
Fafces qui n'ont que la cinquiéme
partie de leur largeur.

Lam-

L

LAmbel, ou *Lambeau*, vn Filet de trois, de quatre ou de cinq Pendans, qui se met en Chef, pour briser les Armes des Cadets.

Lambrequins, Pennaches, ou Hachemens, qui pendent du Casque & qui enueloppent l'Ecu : Ils doiuent estre de mesmes Emaux que ceux de l'Ecu.

Lampassé, ou *Langué*, se dit d'vn Animal qui tire la Langue.

Leopard, est tousiours passant, & montre deux yeux.

Leopard rampant, est dit Leopard Lyoné.

Leopardé, se dit du Lyon passant.

Lion, voyés *Lyon*.

Litre, Lisiere noire, large de deux pieds : Elle se met autour des Eglises.

Lorré, se dit d'vn Dauphin qui a les Nageoires d'vn autre Email.

Lozanges, elles ressemblent aux Carreaux des Ieux de Cartes. Quel-

ques-vns tirent l'origine des Ecus en
Lozange, des Ecus que l'on a trouué
sur les Tombeaux des Amazones.

Lyon, le Lyon est tousiours rampant, & ne montre qu'vn Oeil.

Lyon passant, est vn Lyon Leopardé.

Lyon - mort, n'a ni Langue, ni Oeil,
ni Griffes.

Lyonné, se dit du Leopard rampant.

M

MAcles, Lozanges, ou vertes, ou
vuideés en Lozange: Elles semblent des Mailles de Filets, & on
en met iusqu'à seize dans l'Ecu.

Maille, ou *Annelet*, Boucle sans
Ardillon.

Mantelé, est le mesme que Chappé.

Mariné, se dit d'vn Animal qui se
termine en Poisson.

Massacre, Teste de Cerf garnie de
son Bois.

Massonné, lors qu'entre les Pier-

res des Baſtimens, il y a des Traits qui
d'ordinaire ſont de Sable.

Merlettes, ſont repreſentées ſans
Bec & ſans Iambes : Elles ſont preſ-
que touſiours de Sable.

Meubles, les Pieces qui compo-
ſent l'Armoirie.

Mi-parti, eſt le meſme que Parti.

Miraillé, ſe dit des Dragons, des
Papillons & des Queuës de Paon,
qui ont des Marques & des Taches
differentes.

Molette d'Eſperon, eſt percée à iour,
& d'ordinaire de ſix Pointes.

Monſtrueux, ſe dit des Animaux
auſquels on donne des Parties qui ne
leur conuiennent pas.

Morné, ſe dit du Lyon-mort : il ſe
dit auſſi des Lances arrondies par le
bout.

Mouuant, ſe dit d'vne Piece qui
dans vn Ecu va d'vn coſté à l'autre.

N

N*Aiſſant*, ſe dit d'vn Lyon, ou
d'vn Aigle, dont on voit ſeu-

lement paroiftre la Partie fupe-
rieure.

Nebulé, voiez *Enté*.

Nilé, fe dit d'vne Croix Anchrée,
fort eftroite.

Nylle, voïés *Anille*.

O

O Goefes, Tourteaux de Sable.

Ombré, lors qu'il paroift d'autres Couleurs fur celle dont eft l'Animal que l'on blafonne.

Ordres, Ces Ordres font Militaires, & inftitués par plufieurs Princes de l'Europe.

Orle, vne grande Piece qui femble vn double Filet de largeur con-
uenable, & qui ne touche point le
Bord de l'Ecu.

Otelles, Figures femblables à des
Amandes. Elles marquent des Bleffures & tirent leur origine du mot
d'Etelles.

Ours, Animal qui dans le Blafon
ne montre qu' vn Oeil.

P

PAillé, On vſe de ce terme pour blaſonner toute ſorte de Broderie. Voyés *Diapré.*

Pairle, eſt compoſé de trois Cottices, ou d'autant de Baſtons. Il reſſemble à vn Y Grec.

Pal, eſt tiré du Haut en Bas par le
milieu de l'Ecu, dont il occupe le
Tiers, eſtant ſeul, ainſi que toutes les
grandes Pieces. Le Pallé eſt touſiours
de ſix pieces, s'il y en a plus, ou
moins, il le faut dire.

Pannes, voyés *Pennes.*

Papelonè, lors qu'il y a vne eſpece
d'Ecailles, ou des Aiſles de Papillons,
les vnes couvertes de Metail, & les
autres de Couleur.

Parti, ſe dit de l'Ecu Diviſé en de ix
Parties égales par vn Trait tiré per-
pendiculairement de Haut en Bas.

Paſmè, ſe dit d'ordinaire d'vn Dauphin à Gueule Bée, ſans Oeil, ſans
Dents, & ſans Langue; ou bien lors
qu'il eſt tout d'vn Email.

Paſſant, ſe dit d'vn Animal qui ſemble marcher.

Pattè, ſe dit des Croix, dont les extremitez ſont élargies & arrondies.

Pavillon, eſt vne eſpece de Tente.

Pennes, eſt le Terme des Anciens Herauds pour ſignifier les Fourrures.

Pennon, C'eſt le mot ancien de ce que nous appellons aujourd'hui Cornette & Guidon.

Peri, ſe dit d'vne Piece racourcie, qui ne broche pas ſur le Tout, & qui ne touche point les extremités de l'Ecu.

Pieces Leuées, ce ſont des decoupûres qui ſe trouuent dans le Champ.

En *Pied*, ſe dit des Animaux, comme d'vn Ours, & autres qui ſont debout.

Pied-coupé, & *Pied-nourri*, ſe diſent d'vne Fleur-de-Lys, & peut-eſtre d'vne autre Fleur dont le pied ne paroiſt point.

Pointe, le Bas de l'Ecu.

Points de l'Ecu, ſont les Places principales de l'Ecu. *Voyez* la cinquième *Table*.

Points-équipollés, font neuf Figures quarrées, difposées en Efchiquier.

Pommeté, fe dit des Croix ou des autres Pieces qui ont des Pommes en leurs Extremités.

Porcs, n'ont point de Defenfes comme les Sangliers.

Pourpre, vne couleur qui femble compofée de Gueules & d'Azur, & qui en eft l'vne du Blafon.

Q

QVartier, fignifie d'ordinaire le Quart de l'Ecu.

Quartier - Franc, eft vers l'Angle Droit & Superieur de l'ecu, où il fe trouue feul.

Quinte-feüille, vne Fleur à cinq feüilles.

R

RAbatement, Pieces oppofées.
Rames & Ramures, le Bois du Cerf.

Rampant, fe dit d'vn Animal qui

D iiij

semble rauir sa proye, & qui pou
cét effet leue les pieds de deuant plus
que les autres.

Rangier , est plus grand qu'vn
Cerf : Il a des Cornes semblables à
celles du Dain.

Rauissant , se dit du Loup qui em-
porte sa Proye.

Recercelé, se dit d'vne Piece, qui a
les Extremités tournées en Cerceaux.
Cela se dit d'ordinaire des Croix; mais
on peut aussi attribuer ce terme à des
Cheueux, ou à des queües de Sangliers & de Chiens de Chasse.

Recroisetté, lors qu'il y a des Croix
croisées par les bouts.

Rencontres, Testes de Bœufs & autres.

Resarcelé, se dit des Croix qui ont
tout autour vn filet d'vn autre Email;
ce mot est venu du Latin *resarcire*, ren-
traire.

Roc-d'Eschiquier, Figure faite comme la Tour des Echecs.

Rompu, ou *Brisé*, se dit du Chevron.

Roüant, se dit du Paon qui fait la

Rouë.

Ruſtres, Lozanges percez ou vuidez en rond.

S

S*Able,* la Couleur Noire.

Saillant, ſe dit du Belier.

Sautoir, vne grande Piece pareille à vne Croix de S. André.

Semé, lors que dans l'ᴇcu l'on met plus de ſeize Pieces, ou bien lors que ces Pieces ne ſont pas toutes veües entierement, & qu'elles ſemblent eſtre ſans nombre.

Siniſtré, lors que l'Ecu eſt parti d'vn Quart vers le Coſté Gauche, ou lors qu'on ajoûte vne Piece à Coſté Gauche de la Piece principale du milieu de l'Ecu.

Sinople, la Couleur Verte. On en fait venir l'Etimologie du Grec.

Sommé ou *Surmonté,* ſe dit d'vne Piece qui en a vne autre deſſus. On dit auſſi *Sommé,* du Bois de Cerf dont on conte les Chevilles.

Souſtenu ou *Supporté,* ſe dit d'vne

Piece qui en a vne au deſſous, qui ſemble la ſoûſtenir.

Supports ou *Tenans*, Pieces aux deux Coſtés de l'Ecu qui doiuent eſtre touſiours des choſes animées. Les Supports ſont d'ordinaire des Animaux à quatre pieds, des Oiſeaux & des Reptiles qui ſemblent ſupporter & éleuer l'Ecu le plus haut qu'ils peuuent. Les Tenans tiennent & gardent l'Ecu ſous leurs mains : Ce ſont des Anges, des Hommes Armés, des Sauuages, des Syrenes, des Hercules, des Maures, &c. On appelle auſſi Tenans ceux qui defendent en vn Tournoy.

Sur le Tout, ſe dit d'vn Ecuſſon que l'on met vers le Milieu d'vn Ecu écartelé.

Surmonté, voyés *Sommé*.

T

Taillé, lors que l'Ecu eſt diuiſé par le Milieu d'vn Trait tiré de l'Angle Gauche d'en-Haut vers l'Angle Droit d'en-Bas.

Tarré, ſe dit d'vn Heaume.

Tenans, voyez *Supports*.

Tiercé, lors que l'Ecu eſt également diuiſé par deux traits en trois parties, dont les Emaux ſont differens.

Tierce, a trois Filets paralleles, ſeparés entr'eux d'vn eſpace auſſi grand que celui de chaque Filet.

Tires, les Traits de l'Ecu Eſchiqueté & de l'Ecu Vairé.

Tortil, la Couronne d'vn Baron, ou la Bandelette qui lie la Teſte d'vn Maure.

Tourteaux, ſont ronds & toûjours de Couleur.

Traiſnée, vne ſuite de pluſieurs Pieces.

Tranché, lors que l'Ecu eſt diuiſé d'vn Trait en deux Parties, en allant de l'Angle Droit d'en-Haut, à l'Angle Gauche d'en-Bas.

Trangles, de petites Faſces, qui n'occupent que le Tiers d'vne Faſce ordinaire, voyés *Burelles*.

Trauerſe, vne Barre fort eſtroite.

Treillis, Baſtons enlaſſés l'vn dans

l'autre, en Pal, & en Fasce ; ou bien en Bande & en Barre.

Trescheur ou *Essonier*, vne Espece d'Orle fort étroit , & d'ordinaire fleuronné.

Tymbre , Habillement de Teste qui se voit sur l'Ecu. On l'appelle aussi *Casque & Heaume*. Ceux du Siecle precedent l'ont nommé *Armet & Bassinet*. Il signifie la Teste dont il est la couuerture , & on le pose sur l'Ecu qui represente le Corps. Il y en a de plusieurs sortes. En voicy la Regle que l'on donne , mais elle n'est pas si bien obseruée en France que dans les autres Regions de l'Europe. Le Casque du Nouueau Noble est de Fer ou d'Acier poli, posé en Porfil, auec le Nazal & la Ventaille vn peu ouuerts. Celui du Gentil-homme de trois Races est aussi de Porfil, & a trois Grilles à sa visiere. Celui du Cheualier a cinq Grilles. Celui du Baron est d'Argent à sept Grilles: Il est posé moitié en Porfil, moitié de front. Ceux des Comtes, des Vidames & des Vicomtes ont neuf Grilles d'Or, les

bords posés ou en Tiers, ou de Front.
Les Marquis portent leur Casque
d'Argent damasquiné, de Front, & à
onze Grilles d'Or. Les Ducs & les
Princes le portent d'or damasquiné &
de Front, vn peu ouuert & sans Grilles. Le Casque des Roys & des Em-
pereurs est tout d'Or, brodé, damasquiné, & posé de Front ; la visiere
entierement ouuerte, & sans Grilles. On met sur ces Casques des Couronnes conuenables à la Dignité de
celui qui les porte. Les Bastards portent le Casque contourné.

V

V*Air*, l'vne des deux Fourrures
du Blason : son Origine vient
d'vn petit animal. Elle est également-
ment Bleüe & Blanche, d'ordinaire à quatre rangs. S'il y en a six
c'est vn menu Vair. Les vns compa-
rent les Vairs à des Pots, les autres à
des Cloches, ou à des Verres sans
pied, ou à des Formes de Chapeaux.
Et toutes ces figures sont rangées en
droite ligne, de sorte que les vnes

femblent renuerſées & les autres debout.   Quelques-vns diſent que ce
Nom eſt venu de V A R I E', & qu'il
a eſté en vſage à cauſe des Peaux de
Pantheres qui ſont de diuerſes Couleurs & dont l'on s'eſt ſerui dans les
Armées pour ſe couurir. Il eſt certain
que les V airs de couleurs ont pris
leur origine des eſtoffes teintes.

Vairé ſe dit des Pieces qui ont
des Vairs d'vn autre émail que de
blanc & bleu.

Vannets, Coquilles ſans Oreilles,
nommées Coquilles de Saint Michel.

Vergette, vn Pal fort eſtroit.

Versé, ſe dit des Pieces renuerſées.

Vif, ſe dit du Dauphin qui a Oeil,
Dents, &c.

Vigilance, vne Grüe.

Vilené, ſe dit du Lion qui a la marque de ſon Sexe d'vn Email different
du ſien : Il ſe dit auſſi du Lion qui n'a
ni Oreilles, ni Queüe.

Virent, vn Anneau.

Vires, Cercles paſſés les vns dans
les autres.

Viure, Fasce Ondée en Pointe.

Viuré, se dit des Pieces, particulierement des Fasces, qui semblent estre
faites en Escalier.

Vol, Deux Aisles d'Oiseau. La
seule Aisle fait le Demi-Vol.

Volet, ancien Terme qui signifie
Lambrequin. On peut dire qu'ils
ressembloient à nos chapeaux de toile cirée.

Vnidé, se dit des Pieces qui sont
faites à iour, & qui laissent voir le
Champ.

*Les autres Termes n'ont pas besoin
d'Explication.*

ALPHABET
DES PRINCIPALES
Armes du Monde, & particulierement de celles de France les plus connuës.

A Chaïe, en Grece ; Bandé d'or & de Gueules de six pieces.

Acigné en Bretagne ; d'Hermines, à vne Fasce de Gueules, chargée de trois Fleurs-de-Lys d'Or.

Agout de Sault en Prouence ; d'Or, au Loup rampant Armé & Lampassé d'Azur.

Aigremont en Champagne ; de Gueules, à vn Lyon d'Argent, couronné d'or.

Airuault en Poictou ; d'Or, au Loup

rampant d'Azur.

Albert en Picardie ; d'Or, au Lyon de Gueules Couronné d'Azur.

Albiac en Querci ; de Gueules, à la Bande d'Argent coſtoyée de deux Lyons d'Or.

Albret en Gaſcogne ; Ecartelé de France & de Gueules.

Alençon , Duché en Normandie ; de France, à la Bordure de Gueules chargée de 8. Bezans d'Argent.

Algarue , Royaume vni à celui de Portugal : Ecartelé au 1. & 4. d'Argent à la Teſte de Maure bandée d'Or. Au 2. & 3. d'Azur à vn Buſt de Roy de front veſtu & Couronné d'Or, le Viſage de Carnation.

Alſace : de Gueules , à la Bande d'Or, accompagnée de 6. Couronnes en Orle.

Amboiſe famille, Pallé d'Or & de Gueules.

Amiens famille ; de Gueules à trois Chevrons de Vair.

Amſterdam, Ville de Holande ; d'Or, au Pal de Gueules chargé de trois Sautoirs d'argent, l'Ecu Couronné de la Couronne Imperiale. Cette Couronne fut concedée par l'Empereur Maximilien Comte de Holande, l'an 1490.

Ancenis en Bretagne ; de Gueules à 3. quinte-füeilles d'Hermines.

Anduze en Languedoc ; de Gueules à 3. Estoilles d'or.

Angennes famille ; de Sable au Sautoir d'Argent.

Angle en Poictou ; Gironné d'Argent & de Gueules.

Angleterre Royaume d'Europe ; de Gueules à 3. Leopards d'or armés & Lampassés d'Azur. On dit que ce sont les deux Leopards qui se trouuent dans les Armes de Normandie, & celui qui se voit en l'Ecu de Güienne.

Anglure en Champagne ; semé de Croissans portans chacun vn Grillet d'or.

Angoulesme Duché ; de France, brisé d'vn baston d'or.

Angoulvent en Bretagne ; de Sinople, à la Fasce d'Hermines.

Angrie en Alemagne ; d'Argent à

3. Bouterolles d'Eſpée de Gueules.

Anjou Duché; de France, à la Bordure de Gueules.

Annebaut en Normandie ; de Gueules, à la Croix de Vair.

Anvers Ville des Pays - Bas ; de Gueules, à trois Tours d'Argent 2. 1. entretenuës par trois Murs de meſme, les deux du Chef ſurmontées de deux mains appaumées de Carnation, poſées l'vne en bande à droite, l'autre en Barre à gauche ; le tout ſous vn Chef d'Empire.

Aouſt en Piémont ; de Sable, au Lyon d'Argent Armé & Lampaſſé de Gueules.

Appenzel ; l'vn des 13. Cantons de Suiſſe : d'Argent à l'ours de Sable, accollé, langué, & allumé du Champ.

Aquitaine Royaume ; Fuſelé d'Or & d'Azur.

Aragon Royaume en Eſpagne; d'Or à cinq Pals de Gueules. Il y en a qui n'en mettent que quatre. Ces Armes ſont depuis le Roy Loüis le Begue qui les donna à Geofroi Comte de Barcelone. Sa Majeſté ayant ſceu

que ce Comte auoit fait des merueil-
les de fa perfonne en la Bataille qu'il
gagna fur les Normans, & que fes
bleffures le retenoient en fa Tente,
elle y fut le trouuer; & ayant efté
requife de luy donner des Armes, elle
trempa le bout de fa main dans le
fang des playes du Comte, & fur fon
Ecu qui eftoit d'Or, elle traça quatre traits en forme de Pals.

Armenie Royaume d'Afie; d'Or,
au Lyon de Gueules Armé d'A-
zur, chargé d'vne petite Croix
d'or.

Arpajon en Roüergue: de Gueules à la Harpe d'Or.

Artois Comté; Semé de France,
au Lambel de Gueules de 4. pendans,
chacun chargé de 3. Chafteauxd'Or.
Robert Frere du Roy Saint Loüis
prit le premier ees Armes, pour faire
voir celles du Roy fon Pere & celles
de la Reine Blãche de Caftille fe Me-
re. Ceux qui ne mettent que 9. Cha-
fteaux dans le Lambel, font aïlufion
aux neuf Chaftellenies du Comté
d'Artois.

Aspec en Bearn; d'Azur à vne Meu-
le de Moulin d'Or chargée de son
Anille de Sable.

Aspremont en Poictou ; de Gueules à vn Lyon d'Or Couronné d'A-
zur.

Auaugour en Bretagne ; d'Argent,
au Chef de Gueules.

Aubeterre en Guïenne ; d'Angleterre, écartelé de Lozangé d'or &
d'azur, au chef de Gueules.

Auignon, Ville ; de Gueules à 3.
Clefs d'Or posées en Fasce l'vne sur
l'autre. Le Comtat Venaissin porte
de Gueules à deux Clefs d'Or ad-
dossées & passées en Sautoir, liéez
d'Azur.

Aumont, famille ; d'argent, au
Chevron de Gueules accompagné
de 7. Merlettes de mesme.

Auray en Bretagne; Lozangé d'Or
& d'Azur.

Austrasie Royaume ; Bandé d'Or
& d'Azur.

Austriche Archiduché ; de Gueules à la Fasce d'Argent.

Austriche Ancien ; de Gueules à

5. Aloüettes d'Or.

Autrui en Beauce ; d'Argent à trois Lozanges de Gueules mises en Bande.

Auvergne ; d'Or, au Gonfanon de Gueules frangé de Sinople.

B

Bail leul famille ; Parti d'Hermi-nes & de Gueules.

Balsac en Angoumois ; d'Azur, à 3. Sautoirs d'Argent, au Chef d'Or chargé de trois Sautoirs d'Azur.

Bar Duché ; d'Azur à deux Bars ou Barbeaux adossez, d'or, dentez & allumez d'argent , l'Ecu semé de Croix recroisettées & le pied fiché de mesme.

Barbarie; Parti d'Azur & de Gueu-les, au Croissant d'Argent.

Barbazan en Güienne ; d'Azur à la Croix d'Or.

Barberin en Italie ; d'Azur à 3. Mouches à Miel d'or.

Barbezieux en Saintonge ; d'Or à l'Ecusson en abisme d'Azur.

Basillac en Bigorre ; Ecartelé d'Or à vn Anneau de Gueules ; & d'Or au Lyon d'Azur.

Basle, l'vn des treize Cantons Süisses, d'Argent à vn estui de Crosse de Sable.

Baugé en Bresse ; de Gueules au Lyon d'Hermines.

Bauiere ; Fuselé en bande d'Argent & d'Azur, de 21. pieces. L'Electorat porte de Gueules au Globe Imperial d'or, c'est à dire garni d'vn bandeau & d'vne Croix de mesme.

La *Baume* en Dauphiné ; d'Or à 3. Chevrons de Sable, au Chef d'Azur chargé d'vn Lyon Naissant d'Argent Couronné d'Or & Lampassé de Gueules.

Bearn ; d'Or à deux Vaches passantes de Gueules, Accornées, Accollées & Clarinées d'Azur.

Beaufort Duché en Champagne ; de Vendosme, à la Bordure d'Or.

Beaujolois ; d'Or, au Lion de Sable Armé & Lampassé de Gueules chargé d'vn Lambel de 5. pieces de Gueules.

Beau-

Beaumont le Vicomte au pays du Maine ; d'Azur au Lyon d'Or, l'Ecu semé de Fleurs-de-Lys d'Or.

Beauuais Euesché, Comté & Pairie de France, d'or, à la Croix de Gueules, Cantonnée de quatre Clefs de mesme posées en Pal.

Du *Bec-Crespin* en Normandie; fuselé d'Argent & de Gueules.

Beinac en Perigort ; de Gueules, au Lieure d'Argent courant en bande.

Bellay en Anjou; d'Argent à la Bande… composée de plusieurs Fusées de Gueules & Costoyée de 6. Fleurs-de-Lys d'Or.

Bellefons en Normandie ; d'Azur au Chevron d'Or , accompagné de trois Lozanges d'Argent.

Bellegarde ; d'Azur, à la Cloche d'Argent bataillée de Sable.

Bellenaue en Bourbonnois ; d'Azur au Lion la queuë fourchuë passée en Sautoir d'or , Couronné, armé, & lampassé de Gueules.

Bellievre; d'Azur à la Fasce d'Or, accompagnée de trois Trefles de mesme.

E

Bereins ou *Corsant-Bereins* en Bresse ; d'argent, à la Fasce de Gueules, chargée de trois croisettes d'argent.

Berne l'vn des treize Cantons Süisses; de Gueules à la Bande d'Or chargée d'vn Ours de Sable.

Berri Duché ; de France, à la Bordure Engreslée de Gueules.

Bertrand famille en Vivarais ; d'or au Chevron d'azur chargé de trois Fleurs-de-Lys d'Or & accompagné de 3. Roses de Gueules.

Bethune ; d'Argent, à la Fasce de Gueules.

Biel Ville Alliée des Süisses : de Gueules à deux Haches d'Argent passées en Sautoir, emmanchées d'or.

Bigorre : d'or à deux Leopards de Gueules Armés & Lampassés d'Azur. Quelques-vns disent d'or à deux Lyons Leopardés de Gueules Couronnés d'Argent.

Biron ou *Gontaut-Biron* en Perigort: Ecartelé d'or & de gueules.

Biscaye : d'Argent au Chesne de Sinople, trauersé de deux Loups de gueules, l'vn sur l'autre.

Boheme ; de Gueules au Lion d'argent , la queuë fourchuë paſſée en
Sautoir, Couronné, Lampaſſé & Armé de meſme.

Bois-dauphin : de Laual, briſé d'vne
Bordure de Sable chargée de cinq
Lyonceaux d'argent chacun ayant les
pieds tournés vers le milieu de
l'Ecu.

Bois-genci ; Echiqueté d'or & d'a-
zur, à vne Faſce de Gueules.

Bonne - Leſdigueres en Dauphiné ;
de gueules au Lyon d'Or, au Chef
couſu d'Azur chargé de trois Roſes
d'Argent.

Boſnie Prouince de la Turquie en
Europe : d'Azur à vn Bras armé d'or
tenant de la main vne Eſpée d'argent
la pointe en Haut.

Boulogne ſur Mer en Picardie ;
d'Or à trois Tourteaux de gueules.

Bourbon ; de France au Baſton de
gueules peri en Bande , c'eſt à dire
racourci.

Bourbonnois ; ſemé de France, au
Baſton de gueules.

Bourbon-l'Archambault ; d'or au

Lyon de gueules enuironné de 8. Coquilles d'Azur en Orle.

Bourdeilles en Perigort ; d'or à deux membres de Griffon de Gueules posés en barre.

Bourgogne Duché ; Ecartelé au 1. & 4. de Bourgogne moderne qui est semé de France à la Bordure composée d'Argent & de Gueules:au 2. & 3. de Bourgogne ancien qui est Bandé d'or & d'Azur à la Bordure de Gueules.

Bourgogne tres-ancien : d'or au Chat de Sable tuant vn Rat. Quelques-vns ont fait cét Escu depuis, Bandé d'argent & de Gueules.

Bourgogne Comté, voïez Franche-Comté.

Bourgoin au Niuernois ; d'Azur,à la Croix ancrée d'or.

Bouteville en Normandie;de Gueules,au Sautoir d'or accompagné de 4. Aiglons de mesme.

Brabant ; de Sable , au Lyon d'or Armé & Lampassé de Gueules.

Brandebourg ; d'Argent , à l'Aigle de Gueules Becqué & Membré d'or.

L'Electorat porte d'Azur au Sceptre d'or en Pal.

Breauté, en Normandie ; d'Argent, à la quinte-fueille de Gueules.

Breſſe, d'argent à la Bande d'Azur coſtoyée de deux Lions de meſme: ou pluſtoſt de Gueules, au Lion d'Hermines, qui eſt Baugé dont les anciens Seigneurs ont eſté Maiſtres de la Breſſe.

Bretagne ; Semé d'Hermines.

Brezé en Anjou ; d'or, à trois Faſces ondées ou entées de Gueules.

Briquebec en Normandie ; d'or au Lion de ſinople Armé & Couronné d'Azur.

Briſach, de Gueules à 6. monts d'argent.

Briſſac ou *Coſſé - Briſſac* en Anjou; de Sable, à trois Faſces d'or denchées par le bas.

La *Broſſe* en la Marche ; d'argent à trois Lyons de ſable Armés, Lampaſſés & Couronnés d'or.

Brullon - Lamuſſe ; d'Argent au Grifon de Sable.

E iij

Brunſvick Duché d'Empire ; de Gueules , à deux Leopards d'Or.

Buchs en Guienne , d'Or , à vne Croix de ſable Cantonée de Coquil-les d'argent.

Budes en Bretagne ; d'Argent, au Pin arraché de Sinople , accoſté de deux Fleurs-de-Lys de Gueules.

Budos en Guienne ; d'Azur , à la Bande de trois pieces d'or.

Burgau en Soüabe ; Barré d'argent & de Gueules à vn pal d'or ſur le tout.

Buſançais ; d'Or, au Chef de Vair à l'Aigle de Gueules brochant ſur le tout.

C

La **C** *Adée* l'vne des trois Ligues des Griſons Alliez des Süiſ-ſes ; d'Argent au Belier ſautant de Sable.

Cahors Ville Capitale du Querci; de Gueules , au Pont & à la Riuiere d'argent, chargés de 3. tours de meſme & à cinq Fleurs-de-Lys d'or en chef.

Calabre ; d'Argent, à la Croix potencée de Sable.

Cambout en Bretagne ; de Gueules, à trois Fasces Echiquetées d'Argent & d'Azur de trois tires chacune.

Cambresis ; de l'Empire, chargé en cœur d'vn Ecusson d'Espagne.

Cani en Normandie ; d'Or à dix Lozanges de Gueules.

Canillac en Givaudan ; d'Argent au Levrier rampant de Sable accollé d'or.

Canisi en Normandie ; Coupé de Gueules fur Azur, à trois befans d'Hermines.

Les *Capucins* ; portent vn Croix, au bras de Noftre Seigneur paffé en Sautoir auec celui de Saint François.

Carces en Prouence ; de Gueules, à vn Pont d'Or de deux Arcades.

Cardaillac en Querci ; de Gueules au Lyon d'Argent couronné d'or à 13. befans d'Argent en Orle.

Carinthie Prouince d'Alemagne ; d'Argent, à trois Lions Leopardés de Sable.　　　　　E iiij

Les *Carmes* , d'Argent chauffé de Sable à trois Eftoilles, de Sable fur Argent , & d'argent fur Sable : ou pluftoft, d'argent à la Montagne de Si-nople furmôtée d'vne Croix de gueu-les, & à trois Eftoilles , deux d'Or en Fafce , & vne d'Argent en pointe.

Carnaualet en Bretagne ; Vairé d'or & de Gueules, au franc-Quar-tier de Gueules.

Carniole Prouince d'Alemagne; d'Argent à l'Aigle d'Azur Membré & Couronné de Gueules, Chargé en Cœur d'vn Croiffant Echiqueté d'ar-gent & de Gueules.

Caftelane en Prouence, de Gueules, à vn Chafteau d'Or de trois Tours.

Caftelnau en Bigorre ; d'Azur, au Chafteau ouuert d'Argent crenelé & femé de 3. Donjons pauillonnés & auec leur Giroüettes.

Caftelnau en Querci ; de Gueules au Chafteau d'Or.

Caftille Royaume ; de Gueules, au Chafteau d'or fommé de 3. Tours de mefme maçonnées de Sable, chacu-ne auec trois Creneaux , la Porte &

les Feneſtres d'azur.

Catalogne; Ecartelé, au 1.& 4. d'Argent à la Croix de gueules , au 2. &
3. d'Aragon.

Caumont en Guïenne ; Tiercé en
Bande, d'or , de Gueules & d'Azur.

La *Caze* en Guienne ; d'argent à
la Bande de ſept pieces d'or & de
gueules.

Les *Celeſtins* , vn S jointe à vn P.

Chaalons , Eueſché, Comté & Pairie de France, en Champagne; d'azur,
à la Croix d'argent Cantonnée de quatre Fleurs-de-Lys d'Or.

Chabanois en la Marche; d'or à deux
Lyons de gueules l'vn ſur l'autre.

Chablais ; d'Argent ſemé de Billettes & d'vn Lyon de Sable.

Chabot ; d'or à 3. Chabots de gueules.

Chalençon en Viuarais; de gueules,
à 3. Teſtes de Lion arrachées d'or.

Chamberi Ville capitale de Sauoye;
de gueules , à la Croix d'argent accompagnée d'vne Eſtoille d'Or au
Canton d'extre du Chef.

Champagne ; d'Azur , à la Bande
E v

d'Argent, coſtoyée de deux doubles Cottices potencées & contre-potencées d'Or.

Champigni ; d'Azur au Croiſſant d'or ſurmonté d'vne Eſtoille de meſme.

Charles V. Empereur portoit ſur le tout de ſes Armes, de Flandre & du Marquiſat du S. Empire.

Charolois ; de gueules , au Lyon d'or, la teſte tournée, Armé & Lampaſſé d'azur.

Chaſteau-Briant en Bretagne; de gueules ſemé de Fleurs-de-Lys d'or. Au lieu des Fleurs-de-Lys, il y auoit autrefois des Pommes de pin d'or.

Chaſteau-Dun ; Lozangé d'or & de gueules, au Baſton d'Argent en Bande.

Chaſteau-Giron ; d'Or au Chef d'Azur.

Chaſteau-Gontier en Anjou ; d'argent, à trois chevrons de gueules.

Chaſteau-Morant en Forez ; d'Azur à 3. Lyons d'argent.

Chaſteau-Neuf en Giuaudan : pallé d'or & d'azur , au Chef de gueules.

Chasteau-Roux en Berri ; d'argent semé de Fleurs-de-Lys de Sable.

Chasteau-Villain en Champagne: de gueules au Lyon d'or, l'Ecu semé de Billettes de mesme.

Chasteignier, famille en Poictou, d'or à vn Lion de Sinople passant.

Chastillon en Berri : d'argent, au Chef de gueules.

Chastillon sur Loin Duché ; de gueules à l'Aigle d'Argent, Membré, Becqué & Couronné d'azur.

Chastillon sur Marne en Champagne : de gueules, à 3. Pals de Vair, au Chef d'or.

Chastillon de Michaille : d'argent, à la Croix de gueules.

La *Chastre* en Berri , de gueules, à la Croix ancrée de Vair.

Chatelus en Bourgogne : d'azur semé de Billettes d'or, à la Bande de mesme brochant sur le tout.

Chaunigny en Poictou : d'argent à cinq Fusées de gueules mises en Fasce, au Lambel de Sable de quatre pendants.

Chemillé en Anjou : d'or à l'Orle
E vj

de gueules auec des Merlettes.

Chermentré en Brie : de gueules, à la Fasce viurée d'argent, accompagnée de trois Roses de mesme.

Chigi en Toscane ; de gueules, à la Montagne de 6. Coupeaux d'argent, surmontez d'vne Estoille d'or.

Chine : d'argent, à trois Testes d'Hommes de Sable, posées de Frõt, leur Bust vestu de gueules.

Choiseul en Champagne ; d'azur, à la Croix d'or, Cantonnée de 18. Billettes de mesme.

Chipre-Lusignan ; Burellé d'argent & d'azur : au Lyon de gueules, Couronné, Aïmé, & Lampassé d'or, la Queuë Fourchuë passée en Sautoir brochant sur le Tout.

Cillei Comté en Alemagne à l'Austriche : d'azur à 3. Estoilles d'or.

Clameci au Niuernois : de gueules, à 2. Fasces d'or, au Chevron de Sable brochant sur le tout.

Clermont en Beauuaisis ; de gueules, à deux Bars addossés d'or, l'Ecu semé de Croisettes au pied fiché de mesme.

Clermont en Dauphiné : de gueules à deux Clefs d'argent paffées en
Sautoir.

Clermont de Chates en Dauphiné:
de gueules à vne Clef d'argent en
Bande.

Clermont de Lodeue ; fafcé d'or & de
gueules, au Chef d'Azur chargé de 5.
Hermines.

Cleues:de gueules, à l'Ecuffon d'argent en Cœur,& au Rais pommeté,
Fleuronné d'or de 8. pieces, & per-
cé d'argent.

Cliffon en Bretagne : de gueules,
au Lyon d'argent Armé, Lampaffé &
Couronné d or.

Clugni , Abbaye Chef d Ordre en
Bourgogne:d'azur à deux Clefs d'or
mifes en Pal liées enfemble par la
pointe.

Coaraze en Bearn : d'or à deux bre-
bis paffantes de Sinople accollées &
clarinées d'argent.

Coitiui en Bretagne : Fafcé d'or &
de Sable de fix pieces.

Coligni:de gueules à l'Aigle d'argent.

Cologne Electorat de l Empire :

d'argent, à la Croix de Sable.

Comminges, de gueules à quatre Otelles d'argent mises en Sautoir: ou pluftoft d'argent à la Croix pattée de gueules.

Condé : de France, au bafton de gueules peri en Bande.

Conftantinople Empire : de gueules, à l'Aigle Eploïé d'or Couronné de mefme.

Conftantinople Ville ; de gueules, à la Croix d'or, cantonnée de 4. B. Grecs ou fufils addoffez de mefme.

Contarini à Venife ; d'or à trois Bandes d'Azur.

Corbigni au Niuernois ; d'Azur, à trois Corbeilles d'or.

Les *Cordeliers*, de mefme que les Capucins.

Cordouë : d'or, au Lyon de gueules à la Bordure d'Azur chargée de 8. Tours d'argent, ou pluftoft d'or à 3. Fafces de gueules.

Corfou : d'argent à 3. Fafces d'Azur.

Corfe d'..... à la Tefte de More.

Coffé voïez *Briffac*.

Courtenay: d'or, à trois Tourteaux de gueules: ou pluftoft, d'Azur à trois Fleurs-de-Lys d'or, deux & vn, à la bordure engreflée de gueules ; Ecartelé d'or à trois tourteaux de gueules, 2. & 1.

Couzan en Forez; d'Or, à la Croix Anchrée de gueules.

Craon en Anjou ; Lozangé d'or & de gueules.

Creuant en Bourgogne : Ecartelé d'argent & d'Azur.

La *Croix* famille : d'Azur, à la Croix d'or, chargé d'vn croiffant montant de gueules.

La *Croix* en Bourbonnois : d'A-zur à la Croix d'Or, cantonnée de 4. Coquilles de mefme.

Cugnac en Perigort : Gironé d'ar-gent & de gueules de 8. pieces.

Curfol en Vivarais: Fafcé d'or & de Sinople.

D

*D*e Aillon, voïez le *Lude*.
Dalmatie: de gueules, à trois

teftes de Lyons Leopardés d'or.

Damas famille : d'Or, à la Croix
ancrée de gueules.

Dammartin en l'Ifle de France,
Fafcé d'Azur & d'argent de 6. pieces,
à la Bordure de Gueules.

Danemarq Royaume : d'or femé
de Cœurs de Gueules à 3. Lions Leo-
pordez d'azur, couronnés, Lampaffés
& Armés d'or.

Dauphiné : d'or, au Dauphin d'a-
zur, Crefté, Barbeillé & Oreillé de
gueules.

Dauphiné d'Auuergne : d'or, au
Dauphin Pafmé d'azur, Crefté &
Oreillé d'argent.

Dauphiné de Forez : de gueules, au
Dauphin pafmé d'or.

Derual en Bretagne : Ecartelé au
1. & 4. de Bretagne, au 2. & 3. d'argent à 2. Fafces de gueules.

Digoine en Bourgogne : Echiqueté d'or & de fable, au franc Canton
d'Hermines.

Difimieu : de gueules, à 6. Rofes
d'argent 3. 2. 1.

Dreux : Echiqueté d'or & d'azur à

la bordure de gueules.

Les dix *Droitures* qui font l'vne des trois Ligues des Grifons Alliez des Suiffes : d'argent, à la Croix de Sable, parti d'or au Sauuage à la maffe leuée.

Duretail en Anjou : coupé d'or & d'azur au Lyon de gueules fur le tout.

E

EChalard-la-Boulaye en Poiɛtou : d'azur, à vn Chevron d'Or.

Effiat en Auuergne : de gueules, au Chevron ondé d'argent & d'azur, accompagné de 3. Lyons d'or.

L'Eglife : de gueules, à deux Clefs paffées en Sautoir l'vne d'or & l'autre d'argent, fommées d'vne Tiare d'or, ornée d'azur, de finople & de pourpre en fond auec des pierreries.

Egypte ancien Royaume, d'or à 3. Serpens de Sable Ondoyans en Fafce.

Elbœuf : de Lorraine, au Lambel & à la Bordure de gueules.

Empire-d'Alemagne : d'or, à l'Aigle Eployé de Sable, Membré, Becqué & Diademé de gueules. Ces Emaux sont tels depuis le premier Empereur de la Maison de Saxe.

Escars : de gueules au pal de Vair.

Esclauonie, voyez *Sclauonie*.

Escosse Royaume : d'or au Lion de gueules dans vn double Trescheur, Fleurdelisé & contre-Fleurdelisé de mesme.

Escoubleau-Sourdis : Parti d'Azur & de gueules, à la bande d'or & brochant sur le Tout.

Esneual en Normandie : Pallé d'or & d'azur de six Pieces, au Chef de gueules, chargé de 3. merlettes d'argent :

Espagne Royaume ; Ecartelé de Castille & de Leon. Le Roy d'Espagne porte coupé. le Chef parti au premier de Castille écartelé de Leon, au 2. d'Aragon contre-parti de Sicile : Enté en pointe de Grenade à vn Ecusson de Portugal au point d'honneur. La pointe Ecartelée au 1.

d'Auſtriche, au 2.de Bourgogne moderne, au 3. de Bourgogne ancien, au
4.de Brabant : ſur le tout de Flandres
parti du Marquiſat du Saint Empire.

Eſtain en Roüergue; de France, au
Chef d'or,

Eſtiſſac : d'azur, à trois Pals d'argent.

Eſtouteuille : Burellé d'argent &
de gueules, au Lyon morné de Sable,
accollé d'or brochant ſur le tout.

Eſtrac en Gaſcogne : d'or, Ecartelé
de gueules, quelques-vns diſent d'argent, au Lyon de gueules.

Eſtrée : d'argent fretté de Sable, au
Chef d'or, chargé de 3. Merlettes de
Sable.

Ethiopie Royaume d'Afrique; d'a-
zur, à la Croix d'or chargée d'vn
Crucifix d'argent. Ou d'argent à la
Croix de gueules chargée d'vn Crucifix d'or, & accompagnée de deux
foüets de gueules.

Evreux en Normandie : de France, briſé d'vn baſton componé d'argent & de gueules brochant ſur le
tout.

F

FAussigni en Sauoye : Pallé d'or
& de gueules, ou de gueules à 3.
pals d'or.

Ferette : de gueules à deux Truites,
adossées d'or.

La *Ferté-Loupierre* : de gueules à 3.
Besans d'or.

La *Ferté- Seneterre* , voyez *Seneterre.*

Fiesque : Bandé d'argent & d'a-
zur.

Finlande en Suede : Barré d'argent & d'azur, au Lyon d'or Couronné de gueules.

Finmarcon en Guïenne ; d'argent,
au Lyon de gueules, armé , Lampassé
& Couronné de Sable.

Flandre ; d'or , au Lion de Sable, armé & Lampassé de gueules.

Florence ville d'Italie : d'argent à la
Fleur-de-Lys épanoüie de gueules.

Foix , d'or à 3. Pals de gueules.

Forbin en Prouence : d'or, au Chevron d'azur, accompagné de trois te-

stes de Leopards de Sable à la bordure de gueules.

Forcalquier en Prouence ; d'or , au
Lyon de gueules.

Forez : d'or à 3. pals de Gueules.

Fougeres Baronie en Bretagne ; d'or,
à vne plante de Fougere au naturel.

Fourilles en Bourbonnois ; d'argent , au Sautoir de Sable , au Lambel de mesme.

France ; d'azur à trois Fleurs-de-
Lys d'or, deux en Chef & vne en
pointe.

France ancien : d'azur semé de
Feurs-de-Lys d'or.

Francfort sur le Mein : de gueules,
à l'Aigle d'argent Couronné.

Franche-Comté : d'azur , au Lyon
d'or , l'Ecu semé de Billettes de mesme.

La *Fresnaye* en Anjou : d'argent,
à deux Fasces de gueules à l'Orle de
8. Merlettes de mesme, trois en chef,
deux en Fasce, & 3. en pointe.

Fribourg, l'vn des treize Cantons
Süisses : d'Argent coupé de Sable.

Frise Occidentale : d'Azur, ſemé de Billettes Couchées d'or, à deux Leopards de meſme, l'vn ſur l'autre.

Friſe Orientale : de Sable à vne Harpie Eploiée d'or, Courónée de méme au viſage de Carnation, accompagnée de 4. Eſloilles de 6. Rays d'or chacune, 2. en Chef & 2. en Pointe.

G

GAlerande en Anjou : d'azur à 3. Chevrons d'or.

Galice, d'azur, au Ciboire d'or, l'Ecu ſemé de Croix recroiſettées, au pied fiché de meſme.

Gamaches en Picardie : d'argent au Chef d'Azur.

Gandelus, d'Or, à la Faſce de Gueules, accompagnée de ſix Merlettes de meſme.

Gaſcogne ; Ecartelé au 1. & 4. d'Argent, au Lyon de Gueules à la Queuë fourchée; au 2. & 3. de gueules, au Leopard Lionné d'Or.

Geneve Ville Alliée des Süiſſes: de l'Empire, parti de Gueules à la Clef d'Argent : d'autres difent parti de Sauoye.

Geneuois ; 5. Points d'Echiquier d'Or, Equipollés à 4. Points d'Azur.

Genos en Breffe ; d'Azur, au Chevron d'Argent.

Genoüillac en Vzege ; d'Azur, à trois Eftoilles d'Or pofées en Pal.

Gefvres-Potier ; d'Azur à deux mains d'extres d'Or, au franc-quartier, Echiqueté d'Argent & d'Azur.

Giuaudan ; femé de France, parti d'Aragon, *al.* de Gueules à la gerbe d'Or liée d'Azur.

Givri en Bourgogne ; de Sable, à trois quinte-feüilles d'Argent.

Glaris, l'vn des 13. Cantons Süiffes : de Gueules, au Pelerin d'argent tenant vn bourdon d'Or fur vne terrace de Sinople.

Gondi ; d'Or à deux Maffes d'Armes de Sable paffées en Sautoir, liées de Gueules par le bas du Manche.

Gondrin en Güienne ; d'Or, au Chafteau de Gueules, à 3. Teftes de Mores en Chef.

Gonzague, d'Or, à 3. Fasces de Sable : d'autres disent, d'or à 2. Fasces de Gueules.

Gorrenod, voyez *Pont-de-Vaux*.

Gotland-Isle; de Gueules à l'Agneau Paschal de. . . .

Gouffier ; d'Or , à trois Iumelles de Sable en Fasce.

Goulaine en Bretagne ; parti d'Angleterre & de France.

Gouuernet en Dauphiné ; d'Azur, à vne Tour d'Or , au Chef Cousu de Gueules , chargé de trois Casques d'Argent en Porfil.

Graçay en Berri ; d'Azur, au Lyon d'Or.

Gramont dans les Basques ; d'or au Lyon de Gueules.

Grançay ; d'Or , au Lyon d'Azur.

Grandpré en Champagne ; burelé d'Or & de Gueules de dix pieces.

Grauille en Normandie ; de Gueules, à 3. fermeaux d'or.

Grenade Royaume ; d'Argent à vne Grenade de Sinople tigée & füeillée de mesme , ouuerte & grenée de Gueules.

Grene au Niuernois : de Gueules, au Chevron d'Argent accompagné de trois efpis de bled d'Or.

Grenoble, d'Argent à trois doubles Rofes de Gueules.

Grimaldi, Lozangé d'argent & de Gueules.

Grifons ou *Ligue - Grife* Alliée des Süiffes, Ecartelé de Sable & d'argent, à la Croix de mefme, l'vn dans l'autre.

Groningue ; de l'Empire, à la Fafce d'azur chargée de trois Eftoilles d'argent.

Gruel la Frette au Perche, d'argent, à 3. Fafces de Sable.

Gueldres ; d'azur au Lyon contourné d'or, Armé & Couronné de gueules.

Guefclin en Bretagne ; d'argent à l'Aigle éployé de Sable, au bafton de gueules brochant fur le tout.

La *Guiche* en Bourgogne ; de Sinople, au Sautoir d'or.

Guienne, de gueules, au Leopard d'or Armé & Lampaffé d'azur.

F

Guines ; Vairé d'or & d'azur de 7. Traits.

Guise ; de Lorraine , à vn grand Lambel de Gueules.

H

H *e Ainnut* ; Ecartelé de Flandre & de Holande.

Halewain en Picardie ; d'or , au Lyon coupé de Gueules sur Sinople.

Hapsbourg ; d'or , au Lyon Couronné d'azur : ou de Gueules, à 5. Aloüettes d'or.

Harcourt famille ; de Gueules à deux Fasces d'or.

Harlay famille ; d'argent , à deux Pals de Sable.

Hautefort en Perigort ; d'azur à trois forches d'or.

Heruari , d'argent au Hibou de Gueules.

Hesse ; d'Azur au Lion fascé d'argent & de Gueules.

Holande ; d'or , au Lion de gueules.

Pariual met vn Lion rouge campé dans vn Iardin clos & remparé de tous coſtez, auec vne Eſpée nuë & vn Chapeau qui en cache la pointe auec cette deuiſe, *pour la Liberté.*

Holſace ; de Gueules, à 3. Oeil‑lets & füeilles d'Orties d'argent mis en Triangle au Cœur de l'Ecu, qui eſt chargé d'vn Ecuſſon d'argent.

Hongrie Royaume; Faſcé d'argent & de Gueules : quelques‑vns y met‑tent ſix pieces, d'autres diſent qu'il y en faut huit.

Hongrie ancien ; de Gueules à vne Croix Patriarchale d'argent.

L'Hoſpital ; de Gueules au Coq d'argent membré, becqué, barbé & creſté d'or, ſouſtenant du pied droit vn Ecuſſon d'azur chargé d'vne Fleur‑de‑Lys d'or.

Houdancourt ; d'Azur, à la Tour Crenelée d'argent.

La *Hunaudaye* en Bretagne; Ecar‑telé d'or & d'azur.

F ij

I

Les **I**Acobins : Parti,tranché,tail-
lé, coupé d'argent & de Sa-
ble , à la Croix treflée de l'vn en l'autre.

Iarnage en la Marche , de Gueules,
à deux Chevrons d'argent accompa-
gnés de deux Croiſſants de meſme en
Chef , & d'vn Scorpion de meſme
en pointe.

Iegerdorf en Sileſie ; d'azur , à vn
Cor de chaſſe d'or lié de meſme en
Sautoir.

Ieruſalem ; d'argent , à la Croix
Potencée d'or, Cantonée de 4. Croi-
ſettes de meſme. Il y en a qui diſent
qu'au lieu de la grãd' Croix potencée
il faut mettre ainſi les deux premie-
res lettres du nom de Ieruſalem I-I-I.

Les *Ieſuites* ; d'azur , au Nom de
Ieſus d'or enfermé dans vn Ovale
rayonant de meſme.

Les *Incas* du Perou ; vn Arc-en-
Ciel.

Inde ; d'argent,ſemé de Beſans d'or.

Indes Occidentales : la Compagnie Françoise de ce nom porte semé de France, les supports estant deux Sauuages & la Couronne treflée.

Indes Orientales : la Compagnie Françoise de ce nom porte, vn Escusson de forme ronde, le fond d'azur, chargé d'vne Fleur-de-Lys d'or, enfermé de deux brāches l'vne de palme & l'autre d'oliuier iointes en haut, & portant vne Fleur-de-Lys d'or pour deuise, *florebo quocumque ferar*, & pour supports deux figures, l'vne de Paix & l'autre d'Abondance.

Ioigny ; d'azur à l'aigle d'or.

Ioinville ; Pallé & contre-pallé d'argent & de Gueules.

Ioyeuse en Viuarais ; Pallé d'or & d'azur, au Chef de Gueules, chargé de trois Hydres d'or.

Irlande Royaume ; de Gueules, ou d'azur selon d'autres, à la Harpe d'or.

L'Isle-Bouchard, en Touraine, de Gueules, à deux Leopards d'or.

Iuliers : d'or, au Lion de Sable, denté & armé d'argent, Lampassé de Gueules.

K

KErgournadech en Bretagne; Echiqueté d'or & de Gueules.

L

LAndskehr en Alsace, de gueules à l'Arbre de Sinople.

Langé au Niuernois: d'Azur, au
Croissant montant d'argent surmonté d'vne Estoille de mesme.

Langeac en Auuergne: d'or, à 3.
Pals d'Hermines.

Langeron au Niuernois: d'azur, à
3. Estoilles d'argent, écartelées de
Gueules à 4. Fasces endentées d'argent, auec vne Bande semée de
France.

Langres, Euesché, Duché & Pairie de France en Champagne; semé
de France, au Sautoir de Gueules.

Languedoc ou Comté de Toulouse: de Gueules, à la Croix Vuidée
& Pommetée d'or.

Laon Euefché, Duché & Pairie de France en Picardie: Semé de France à la Croffe de Gueules pofée en Pal.

Laftic en Auuergne; de Gueules, à la Fafce d'argent.

Laual au Maine; de Mont-morenci, brifé de cinq Coquilles d'argent fur la Croix.

Lauardin; d'Azur, à onze Billettes d'argent 4. 3. 4.

Laubeffin en Forez; d'or, à 3. Grifons d'azur, armés & couronnés de gueules.

Lauedan en Gafcogne; d'argent à 3. Corneilles de Sable becquées & membrées de gueules.

Lautrec en Languedoc; de gueules, au Lyon d'or couronné de mefme.

Leberon; d'azur, au Levron d'argent courant en bande.

Leon Royaume; d'argent, au Lyon de Pourpre; Ceux qui n'admettent pas le pourpre difent au Lion de gueules, Armé, Lampaffé, & Couronné d'or.

Leon en Bretagne; d'Or, au Lyon

de Sable morné.

Leré ; d'argent, au Lyon de gueules, armé & Lampaſſé de Sinople.

Leſcun d'argent à 3. Bandes de Gueules.

Levi ; d'or à 3. Chevrons de Sable.

Leuville ; d'Azur, à 6. beſans d'or, au Chef d'argent chargé d'vn Lion iſſant de Sable.

La *Liegue* en Forez ; d'or, à la Faſce ondée de gueules.

Liencourt ; d'argent, à la Croix engreſlée de Gueules, chargée de cinq Coquilles d'or.

Limbourg Duché ; d'Argent, au Lion de Gueules Lampaſſé d'Azur à la Queuë fourchuë paſſée en Sautoir.

Limoges famille ; d'Hermines, à la Bordure de Gueules.

Limoges ancien, Bandé d'or & de Gueules.

Lithüanie ; de Gueules au Caualier d'argent tenant d'vne main vne Eſpée haute & de l'autre vn Ecu d'azur chargé d'vne double Croix Patriarchale d'or, le Cheual bardé d'argent, houſſé d'Azur, & cloüé d'Or.

Loheac en Bretagne ; de Vair.

Lomagne en Gaſcogne; de Gueules, au Lyon d'Argent.

Lombardie ; de Gueules, au Lyon d'Or.

Longueville ; de France, au Lambel & à la Cottice d'Argent.

Longvui, d'Azur, à vne Bande d'Or.

Lonjumeau ; d'argent, ſemé de Trefles, à 2. T. de Gueules mis en Faſce & deux Perroquets de *Sinople* affrontez au deſſous.

Lorraine ; d'or, à la Bande de Gueules, chargée de 3. Alerions d'Argent.

Loubere en Bigorre; d'Or à 2. Loups paſſants de Sable.

Le *Loup - Pierre-brune* ; d'Azur, au loup paſſant d'or armé & Lampaſſé de Gueules.

Lucerne, l'vn des treize Cantons Süiſſes : Parti d'argent & d'azur.

Lucques Republique d'Italie ; d'azur, au mot de *Libertas* d'or mis en

F v

Bande entre-deux Cottices de mefme.

Le *Lude* en Anjou ; d'azur à la Croix engreflée d'argent.

Ludovifio en Italie ; de gueules, à 3. Pals Ondez retraits d'or mouvants du Chef.

Luface en Alemagne ; de.... au Mur crenelé.

Luffenay en Niuernois ; de gueules à trois mufles de Lion d'or.

Luxembourg ; Burellé d'argent & d'azur, au Lion de gueules, Armé, Lampaffé & couronné d'or, brochant fur le tout.

Luynes ; d'azur à deux Louues affrontées d'argent.

Lyon Ville ; de Gueules, à vn Lion d'argent, au Chef coufu de France.

M

MAchecou en Bretagne: de Gueules, à 3. Chevrons d'argent.

Magalotti à Florence ; Fafcé d'or & de Sable de fix pieces.

Maignac en la Marche ; de gueu-

les , à deux Pals de Vair , au Chef
d'or chargé d'vn Lambel d'azur de
5. pendans.

Maillé , voyez *Brezé*.

Mailli en Picardie ; d'or , à 3.
Maillets de Sinople.

Maine ; femé de France, à la bordure de Gueules, brifé au franc Canton de.. ... au Lyon d'Argent.

Majorque Royaume ; d'Aragon
brifé d'vne Cotice de Gueules.

Maleftroit en Bretagne ; de Gueules à 9. befans d'or.

Malicorne au Maine ; de Sable à 3.
Poiffons d'Argent pofés en Fafce
l'vn fur l'autre.

Malines ; d'or , à 3. Pals de Gueules , & à vn Ecuffon d'Efpagne en
Cœur.

Mallorque , voyez *Majorque*.

Malthe ; de Gueules, à la Croix
d'Argent.

Mantouë ; d'Argent , à la Croix
pattée de Gueules, Cantonnée de 4.
Aigles de Sable fe regardans, bequés
& membrés de Gueules. Et fur le
tout, Ecartelé de Lombardie & de

Gonzague.

La *Marche* Prouince ; semé de France , à la Cottice de Gueules, chargée de trois Lyonceaux d'Argent.

Marcilli en Forés ; d'or, à la Croix de Gueules refercelée.

Marigni ; d'Azur , à deux Fafces d'Argent : ou d'Or, à l'Aigle de Sable.

Marivault dans le Vexin François; de Gueules, à la Fafce d'Argent, accompagnée de 7. Merlettes de mefme , 4. en Chef, 3. en pointe.

Maroch Royaume; d'or, à 3. Roües d'Argent.

Marquifat du Saint Empire:d'argent, à l'Aigle de Sable chargé d'vn Ecuffon d'Efpagne en Cœur.

Martel en Normandie ; de gueules, à 3. Marteaux d'argent.

La *Mark* ; d'or à la Fafce echiquetée d'Argent & de Gueules de trois rangs.

Mafovie en Pologne ; de Gueules, à l'Aigle d'Argent armé & Couroñé d'Or , chargé en Cœur d'vn croiffant d'Or.

Maſſe en Italie; de Gueules, à la Bande Echiquetée d'Argent & d'Azur, au Chef de Genes, ſurmonté d'vn Chef de l'Empire, l'Aigle tenant en ſes ſerres vn billet volant chargé du mot *Libertas.*

Mathefelon; d'Or, à ſix Eſcuſſons de Gueules, trois, deux, vn.

Matignon; d'Argent au Lion de Gueules, armé, Lampaſſé & couronné d'or.

Maugiron en Dauphiné; Gironné d'Argent & de Sable de ſix pieces.

Mauni en Normandie; d'argent, à la Croix d'Azur accompagnée de 4. Coquilles de Gueules.

Maure en Angoumois; de Sable à l'Aigle éploié d'Argent, membré & becqué de gueules.

Maure en Bretagne; de Gueules, au Croiſſant de Vair.

Maurienne; d'or, à l'Aigle de Sable, Membré & Becqué de Gueules.

Mayence Electorat; de Gueules à la Roüe d'or de huit Traits. Ces Armes ſont depuis qu'vn Archeueſque de Mayence fils d'vn Charron, en eut fait choix.

Mazarini ; d'Azur au Faisceau de Verges d'or auec la Hache Consulaire d'argent posés en Pal : à la Fasce en Deuise de Gueules sur le Tout, chargée de 3. Estoilles d'Or.

Medicis, voyez *Toscane*.

Meilleraye de Gueules au Croissant montant d'Hermines.

Meklembourg en Alemagne, d'azur, au Grifon d'Or; ou d'Or à deux Pals d'Azur.

Merenville en Beauce: d'Or au Lion de Sable, armé & Lãpassé de gueules.

Metz ; Parti d'argent & de Sable.

Milan Duché; d'Argent, à la Givre d'Azur Couronnée d'or à l'Issant de Gueules.

Les *Minimes* ; de Gueules, au mot *Charitas* d'or.

Miossens en Bearn ; Ecartelé de Gueules & de France.

Mirandole ; d'or à l'Aigle de Sable Bequé, Membré & Couronné d'or.

Misnie en Alemagne, d'Or au Lion de Sable.

Modene—Est; d'azur, à l'Aigle d'argent Becqué, Membré, & Couronné d'or.

Molac en Bretagne, de Gueules, à 9. Macles d'argent, 3. 3. 3.

Moldavie Principauté ; de Gueules, à la Teste de Buffle d'Argent bouclée de Sable, surmontée d'vne Estoille d'or.

Monaco ; fuselé d'argent & de Gueules.

Monsoreau en Anjou ; d'azur, au Lyon d'Argent, l'Ecu semé de Fleurs-de-Lys de mesme.

La *Montagne*, Royaume des Assassins ; d'or, au Sautoir de Sable chargé de 4. Testes d'Enfans au Naturel, cheuelées d'Or.

Montaigu en Normandie ; d'argent, à deux Bandes ou Cottices de Sable accompagnées de six Coquilles de Saint Michel de mesme, en Orle, & d'vne en Cœur.

Montauban en Dauphiné ; d'azur à 3. Tours d'or.

Montausier ; d'Argent, à la Fasce de Gueules.

Montbard en Bourgogne ; Chapé, Ecartelé d'argent & de Gueules de l'vn en l'autre.

Mombas en la Marche ; Tiercé en Bande d'or, de Gueules & d'azur.

Montbafon en Touraine ; de Gueules, au Lion d'or.

Montbrun en Dauphiné ; d'Or au Lyon de Gueules, Armé & Lampaflé d'azur.

Mont-caurel en Picardie ; de gueules, à trois Macles d'Or.

Montchal en Viuarais ; de Gueules au Chef d'or chargé de trois Molettes d'Azur.

Monte en Italie ; d'azur à la bande d'or chargée de 3. Montagnes de Sinople & accompagnée de deux Courones de Laurier.

Montendre en Saintonge ; de gueules, au Lyon d'or, l Ecu femé de Treflesde mefme.

Montefpan en Guïenne ; d'Argent, au Lion de Gueules à la Bordure de Sinople, chargée de 7. Efcuffons d'argent.

Montfaucon en Auuergne ; d'azur, au Sautoir d'or accompagné de 4. Fleurs-de-Lys de mefme.

Montferrand en Guïenne ; Pallé d'or & de gueules de 8. pieces à la Bordure de Sable besantée d'or.

Monferrat en Italie ; d'argent au Chef de gueules.

Mont-fort-l'Amauri; de gueules, au Lion d'argent à la queue fourchée.

Montgomeri en Normandie; Ecartelé au 1. & 4. de gueules à 3. Fleurs-de-Lys d'or: au 2. & 3. de gueules, à trois Coquilles de Saint Michel d'or.

Montigni en Hainaut ; de Sinople, au Lyon d'argent.

Mont-lor en Viuarais : Ecartelé au 1. & 4. d'argent à 2. Lions Leopardés de Gueules ; au 2. & 3. d'azur au Lion d'or.

Mont-luc en Guïenne ; d'azur, au Loup d'or, écartelé d'or au Tourteau de Gueules.

Montluel en Bresse ; d'or à six Trangles de Sable & à vn Lion de gueules, Armé, Lampassé & Couronné d'Argent brochant sur le tout.

Montmireil en Brie : d'azur, tranché, emmanché de gueules.

Montmorenci ; d'or à la Croix de gueules cantonnée de seize Alerions d'azur. On dit que ces 16. Alerions marquent autant d'estendars gagnés en bataille sur les Imperiaux par les Seigneurs de cette Maison, sçauoir 4. par Bouchard & douze par Mathieu ; ceux-ci en la iournée de Bouvignes.

Montpensier : de Bourbon , le baston brisé en chef d'vn Carreau d'or au Dauphin d'azur.

Montreuel en Bresse : d'or, à la Vivre d'azur posée en Bande.

Moravie : d'azur à l'Aigle Echequeté d'or & de gueules.

Mortagne en Saintonge : de gueules, à vn Pal d'or accosté de 6. Lozanges de mesme en pal 3. de chaque costé.

Moscovie : de gueules à vn S. Georges d'argent.

Mulhausen , Ville d'Alsace, alliée des Süisses : d'argent, à la Rouë de gueules.

Murcie Royaume d'Espagne : d'azur , à six Couronnes d'or.

Muſſidan en Perigort : d'argent, au Chef emmanché de trois pieces d'a-zur.

N

NAmur Comté : de Flandre, à la Cottice de gueules brochant ſur le Tout.

Naples Royaume : d'azur ſemé de Fleurs-de-Lys d'or au Lambel de gueules de cinq pendants.

Naſſau : d'azur ſemé de Billettes d'or, au Lyon de meſme, couronné, Armé & Lampaſſé de gueules bro-chant ſur le tout.

Nauarre : de gueules, aux Chaiſ-nes d'or miſes en Croix, en Sautoir & en double Orle, enfermant vne Emeraude en Cœur. Elles ont eſté changées depuis 60. ans : car elles eſtoient de gueules, au Raiz d'Eſ-carboucle accollé & Pommetté d'or.

Nemours ; de Sauoye, à la Bordu-re engreſlée d'azur.

Neuchaſtel Ville Alliée des Süiſſes :

de gueules, au Pal chevroné d'argent & de Sable.

Neufbourg en Normandie, d'or à 3. Merlettes d'Azur.

Nice; d'argent, à l'Aigle de gueules essoré sur vn Mont de Sable mis en pointe.

Niuernois; Bandé d'Or & d'Azur, à la Bordure de Gueules.

Noailles ou *Ayen - Noailles* en Limosin; de gueules, à la Bande d'or.

Nogaret en Languedoc; d'argent, à vn Noyer de Sinople.

Nompar voyez *Caumont*;

Nonant en Normandie; d'Azur au Chevron d'Argent accompagné de 3. Besans de mesme.

Normandie Duché de Gueules, à deux Leopards d'Or Armés & Lampassés d'Azur.

Norvege Royaume; de gueules, au Lyon d'or, Armé, Couronné & Langué de mesme, tenant en ses Pattes vne Hache d'argent.

Noyon, Euesché, Comté & Pairie de France en Picardie; semé de France à deux Crosses adossées d'argent & posées en Pal.

O

O, en Normandie ; d'Hermines au Chef danché ou dentelé de Gueules.

Oldembourg, de Gueules, à la Croix d'Argent.

Ollioles en Prouence ; de Gueules au Lyon Couronné d'Or, au Chef de mesme.

Oraison en Prouence ; de Gueules, à trois Fasces ondées d'Or.

Orenge : d'or à vn Cor de Chasse d'Azur, Virollé, enguiché, & lié de Gueules.

Orleans Duché ; de France, au Lambel d'argent de 3. pieces.

Orleans Royaume ; d'azur, semé de Cœur de Lys d'Or.

Ouer-Issel, de Holande, brisé d'vne Fasce Ondée d'azur.

Oursieres en Dauphiné, d'argent au Chef de Gueules ; à vn Ours de Sable sur pied, brochant sur le tout & tenant vne Couronne d'or.

P

PAlatinat du Rhin ; de Sable au Lyon Couronné d'or , Armé & Lampaßé de gueules ; il Ecartele au dernier quartier, des armes de l'Electorat qui font de Gueules , au Globe d'Or garni d'vn bandeau & d'vne Croix de mefme.

Palluau ; Fafcé d'argent & de Sable de 8. pieces.

Paris ; de gueules, au Nauire fretté & Voilé d'argent voguant fur des Ondes de mefme, au Chef coufu de France.

Parme-Farnefe en Italie, d'or à 6. Fleurs-de-Lys d'azur. 3. 2. 1.

Paumi en Touraine ; d'azur , à deux Leopards Couronnés d'or.

Penthieure ; de Bretagne, à la bordure de gueules : ou d'azur, à 3. Gerbes liées d'or.

Perche ; d'azur , à 4. Lions d'or Cantonnés.

Perigort ; de gueules , à 3. Lions d'or, armés & Couronnés d'azur.

Piémont ; de Sauoye , brifé en chef d'vn Lambel d'azur à 3. pendants.

Pierre-Bufiere en Limofin : de Sable , au Lyon d'or Lampaffé de gueules.

Planci en Champagne ; de Vair, au Bafton de gueules brochant fur le tout.

Pleffis-Praflain ; d'or à trois Fafces de Sable.

Perche-le-Comte ; d'argent, à deux Chevrons de Gueules.

Poictou ; de Gueules . à cinq Tours d'or maçonnées de Sable.

Poiffi ; Lozangé d'argent & de gueules.

Poix en Picardie : de Gueules à la bande d'argent accompagnée de fix Croix recroifettées de mefme 3. & 3.

Polignac en Vellay : Fafcé d'argent & de gueules.

Pologne : de gueules à l'Aigle d'argent, Couronné, Membré & Becqué d'or, lié fous les Aifles d'vn ruban de mefme. Ces Armes furent prifes à l'occafion d'vn nid d'Aigle qui fut

trouué lors qu'on jetta les fonde-
ments de la Ville de Gnesne.

Pomeranie : d'argent , au Grifon
de Gueules , Becqué & Membré
d'Or.

Pompadour en Limosin, d'Azur à
3. Tours d'argent maçonnées de Sable.

Pons en Saintonge : d'argent , à la
Fasce bandée d'or & de gueules de
6. pieces.

Pontac en Bearn : de gueules à vn
Pont à six arches d'argent , gardé de
deux Tours de mesme , à la Riuiere
d'argent ombrée d'azur.

Pontbriant en Bretagne : d'azur , au
Pont à trois arches d'argent.

Pont-Corlay en Bretagne : d'argent,
à 3. Hures de Sanglier de Sable.

Pont-de-Vaux en Bresse : d'Azur,
au Chevron d'or.

Ponteau-de-Mer en Normandie:
de gueules , à vn Pont d'argent & vn
Lyon Leopardé d'or passant sur le
Pont.

Pont-hieu en Picardie : d'or , à 3.
Bandes d'Azur.

Por-

Portugal ; d'Argent à cinq Ecuſſons d'Azur mis en Croix, chacun chargé de cinq Bezans d'Argent poſés en Sautoir & marqués d'vn Point de Sable ; l'Ecu bordé de Gueules, à ſept Chaſteaux d'Or. 3. 2. 2.

Portugal Comté ; d'Argent , à la Croix d'Azur.

Poüillac ; d'Or, Ecartelé de Sable au Lyon d'Or.

Prouence ; d'Azur, à la Fleur-de-Lys d'Or , au Lambel de Gueules.

Prouence-Aragon ; d'Or, à 4. Pals de Gueules.

Pruſſe ; d'Argent, à l'Aigle de Sinople Membré & Couronné d'Or, Langué de gueules : ou d'argent à l'Aigle de gueules chargé ſur la Poitrine d'vn S Capitale d'or & colleté d'vne Couronne de meſme.

Puy-du-Fou en Poictou ; de gueules , à trois Macles d'argent.

Puy-Laurens en Languedoc; d'or, à la Croix de gueules.

Puy-Paulin en Guïenne ; d'or.

G

R

RAgni en Bourgogne ; d'Hermines à 3. Bandes de gueules chargées de Coquilles d'or.

Rambures en Picardie : d'or, à trois Fasces de gueules.

Ramsau en Holstein : de gueules parti d'argent.

Reims, Archeuesché , Duché & la premiere Pairie du Royaume: Semé de France, à la Croix de gueules.

Rennes : Pallé d'argent & de Sable , au Chef d'Hermines.

Retel : de gueules , à 3. Rateaux sans manche d'argent ; les autres disent d'or.

Reuest en Prouence: de Sable Coupé sur Or , à 3. Espics de Millet de l'vn en l'autre.

Rhodés en Roüergue; de gueules, au Léopard Lionné d'or.

Riberac en Perigort : de gueules, à 4. Lapins d'argent, 2. & 2.

Richelieu en Poictou : d'argent , à

trois Chevrons de gueules.

Rieux en Languedoc ; d'or au Lys au naturel de Gueules.

La *Roche* en Bretagne , Ecartelé d'Argent & de Gueules à l'Aigle de l'vn en l'autre.

Roche-Baron en Forez ; de Gueu_les , au Chef échiqueté d'Argent & de Gueules.

Roche-Beaucourt ; d'Argent à neuf Lozanges de Gueules.

Roche-Bernard en Bretagne ; d'Or à vn Aigle éploié de Sable, Membré & Becqué de Gueules.

Roche - Choüard en Poictou ; de gueules à trois Fasces nebulées d'Ar_gent , celle du Chef brisée d'vne Belette de Sable.

Rochefort en Auuergne ; de Vair parti de gueules.

La *Roche-Foucaud* en Angoumois; Burellé d'Argent & d'Azur , à trois Chevrons de Gueules Brochans sur le tout.

La *Roche-Güion* ; d'Or , à la Ban_de d'Azur , à la Bordure de Gueu_les.

La *Roche-Poſay* en Touraine; d'or,
à vn Lyon Leopardé de Sinople Langué de gueules.

Roſpiglioſi en Toſcane ; Ecartelé
au 1. & 4. d'argent à la Macle d'a-
zur , au 2. & 3. d'azur à la Macle
d'argent.

Rohan en Bretagne ; de Gueules,
à 9. Macles d'or. 3. 3. 3.

On attribue le premier vſage des
Macles à cette Maiſon, & on dit qu'elle les prit à cauſe des petits cail-
loux de la Terre de Rohan qui ont
cette marque lors qu'ils ſont coupés
en deux, & à cauſe de la meſme figure qui ſe rencontre dans les Eſcail-
les des Carpes du Duché de meſme
nom ; de la eſt venuë cette deviſe,
Sine macula macla. Il n'y auoit autrefois que 7. Macles en ces Armes;
mais l'on y en a ajouſté deux lors
qu'on a fait l'Ecu plus quarré vers
la Pointe.

Roquefüeil en Roüergue; Echiqueté de quatre Traits d'or & de gueules.

Roquelaure ; d'azur à trois Rocs
d'argent.

Rosmadec en Bretagne; Pallé d'Argent & d'azur.

Rostaing; d'azur, à vne Fasce en devise d'or, & vne Rouë de sept Rais de mesme en pointe.

Rostrenen en Bretagne; d'Hermines, à 3. Fasces de Gueules.

Rotelin; d'or, à la Bande de gueules, Ecartelé d'or au Pal de Gueules chargé de trois petits Chevrons d'argent.

Rotuveil en Soüabe, Ville Alliée des Süisses; d'or, à l'Aigle de Sable.

Rouci; d'or, au Lyon d'azur.

Roure en Viuarais; d'azur, au Chesne d'Or.

Rouvroy - Saint - Simon en Picardie; de Sable, à la Croix d'argent chargée de cinq Coquilles Oreillées de gueules.

Roy en Bourbonnois; d'azur, au Chevron d'argent accompagné de deux Testes d'Aigles en Chef & d'vn musle de Leopard de mesme en pointe.

Rubempré en Picardie; d'argent

à trois Iumelles de gueules.

Ruſſie; de Sable au Portail ouuert
d'or, ayant les batans des portes &
deux Degrés de meſme.

S

SAint *Antoine de Viennois* Abbaye
Chef d'Ordre; d'Or à vn Aigle
de Sable ayant au Col vne Couronne
d'or & au deſſous vn Ecuſſon d'Azur
chargé d'vn T.

Saint-Aubin au Niuernois; d'argent à l'Ecu en abiſme de-Sable
ſurmonté de 3. merlettes de meſme.

Saint-Chamont au Lyonnois, d'argent à vne Faſce de gueules.

Saint-Didier en Vellay; d'azur, au
Lyon d'argent, à la Bordure de gueules chargée de huit Fleurs - de - Lys
d'or.

Saint-Gall, Abbaye alliée des Süiſſes; d'or, à l'Ours de Sable.

Saint-Gall, Ville alliée des Süiſſes; d'or, à l'Ours contourné de Sable, accorné d'argent.

Saint-Germain en la Marche; d'azur semé de Fleurs-de-Lys d'or, au Lambel d'argent en Chef.

Saint-Hirier en Limosin ; d'Azur, à trois Estoilles d'argent.

Sainte-Iaille en Dauphiné : de Sinople à vn Iars d'argent. Le Iars est vne espece d'Oye Membré d'or.

Saint-Priest en Forez ; d'or, à 4. Billettes d'Azur posées en Croix.

Saint-Simon, voyez Rouuroy.

Saint-Sulpice en Querci ; d'argent, parti de Gueules.

Saint-Valier; d'Azur, à 6. besans d'or, 3. 2. 1.

Saintes ; de gueules, au Pont d'argent chargé de 4. Tours de mesme, au Chef cousu de France.

Saix en Bresse ; Ecartelé d'or, & de Gueules.

La *Sale* en Bourbonnois ; d'or à la Croix ancrée de Sinople, au Franc-Quartier de gueules.

Saligni en Bourbonnois ; de gueules à 3. Tours d'argent.

Sancerre en Berri : de Champagne, à la Bordure de Gueules.

G iiij

Sanzay en Poictou ; Echiqueté d'or & de Gueules.

Sardaigne; d'argent à la Croix de Gueules Cantonnée de 4. testes de Maures tortillées du Champ : quelques-vns font le Champ d'or.

Saſſenage en Dauphiné : Burellé d'argent & d'azur, au Lion de gueules, Armé, Lampaſſé & Couronné d'or.

Saueuſe : de Gueules , à la Bande d'or accoſtée de ſix billettes de meſme, 3. en Chef & 3. en pointe.

Sauigny en Bourgogne: de Gueules, à trois Lyonceaux d'argent.

Sauoye : de Gueules , à la Croix d'argent : quelques-vns diſent que cette Croix eſtoit priſe par les Princes de Sauoye auant qu'ils euſſent la Conceſſion de celle de Rhodes. Le Duc de Sauoye porte Ecartelé au 1. du Royaume de Chipre qui eſt écartelé 1. de Ieruſalem , 2. de Luſignan, 3. d'Armenie, 4. de Luxembourg. Au 2. de Saxe ancien parti de Saxe Moderne, enté en pointe d'Angrie. Au 3. de Chablais parti d'Aoſte; au der-

nier de Geneue parti de Mont-ferrat;
ſur le tout de Sauoye.

Saxe, Burelé d'or & de Sable, de huit pieces, à la Bande Fleu-
ronée de Sinople brochant ſur le
tout; d'autres diſent à l'Echarpe de
Ruë. L'Electorat porte Coupé d'argent & de Sable, à deux Eſpées de
Gueules paſſées en Sautoir.

Baſſe *Saxe*; d'Or, Semé de Cœurs
de Gueules, au Lyon contourné de
Sable, Armé & Lampaſſé d'Argent.

Saxe Ancien, comme Veſtfa-
lie.

Schafouſe, l'vn des treize Cantons
Suiſſes; d'or, au Belier ſautant de
Sable, accorné d'Argent.

Schuvits, l'vn des treize Cantons
Süiſſes: de Gueules à la Croiſette
d'argent poſée au Point d'extre du
Chef.

Sclavonie; d'Argent, au Chapeau
de Sable doublé de toile d'or, bordé, Couronné de Gueules: ou d'or,
au Bras de Gueules mouuant du coſté
droit, & tenant vn Coutelas d'argent. G v

Segraye ; d'azur à la Croix d'or Cantonnée de douze Trefles d'argent 2. & 1. en chaque Quartier.

Seiſſel en Breſſe ; Parti , Coupé, Taillé , Tranché d'or & d'azur.

Senaret en Givaudan ; d'azur , au Mouton paiſſant d'argent, accollé & clariné d'or.

Senerpont en Picardie ; parti d'or & d'azur, à la Croix ancrée de gueules ſur le tout , chargée de cinq coquilles d'argent.

Seneterre, d'azur à cinq Fuſées d'argent.

Seuerac; pallé d'argent & de Gueules.

Seuille en Andalouſie ; d'Azur, au Roy aſſis dans vn Trône d'or & tenant en ſa droite vn Sceptre d'argent.

Sileſie ; d'or , à l'Aigle Couronné de Sable , briſé ſur l'Eſtomac d'vn Croiſſant d'argent.

Simiane en Prouence , d'or ſemé de Fleurs-de-Lys & de Tours d'azur.

Sivray en Poictou ; d'argent , au

Lyon de Sable Couronné d'or.

Sleſuuick ; d'or, à deux Leopards d'azur l'vn ſur l'autre, Armez & Lampaſſez de Gueules.

Soleurre ; l'vn des treize Cantons Süiſſes : d'argent coupé de Gueules.

Le *Sophi* Roy de Perſe ; d'or, à la Teſte de Buſle de Sable.

Soüabe ; d'argent, à trois Leopards de Sable, Couronné de Gueules.

Stirie : de Sinople, au Grifon d'argent ſans Aiſles & vomiſſant des Flames.

Stormarie ; d'azur au Cigne d'argent Colleté d'vne Couronne d'or.

Strasbourg ; d'argent, à la Bande de gueules.

Suede ; d'azur, à trois Couronnes d'or. Ces 3. Couronnes ſemblent ſignifier les trois Royaumes de la grande Preſ-qu'Iſle de Scandnavie, ſçauoir la Suede, la Gotie, & la Noruége : ou bien les 3. Peuples dont le Roy de Suede ſe dit Roy, qui ſont les Süedois, les Gots, & les Vandales.

Suitz, voyez *Schuuitz*.

Sully ; d'azur, au Lyon d'or Lampaſſé de Gueules, l'Ecu ſemé de molettes d'or.

Surgeres en Saintonge ; de gueules, Fretté de Vair.

Suſe en Piémont, d'argent à vne Tour de gueules, parti de gueules à vne Tour d'argent.

T

TAillefer en la Marche ; de gueules à trois Faſces d'or.

Tancarville ; de Gueules, à vn Ecuſſon d'argent en abiſme & à l'Orle de Quinte-feüille de meſme.

Tartarie ; d'or, au Hibou de Sable.

Termes ; d'argent, au Lion de Gueules.

Terrail en Dauphiné ; d'azur, au Chef d'argent chargé d'vn Lion naiſſant de gueules, au filet d'or mis en bande brochant ſur le tout.

Themines en Querci ; de Gueules, à deux Moutons paſſans d'argent.

Thoüars en Poiçtou ; d'or ſemé

de Fleurs - de - Lys d'azur, au Franc Canton de Gueules.

Tingri ; d'argent, à trois Testes de Bœuf de Sable.

Tirol ; d'argent, à l'Aigle de gueules, Couronné, becqué, & membré d'or, chargé sur la Poitrine d'vn Croissant Fleuronné de mesme.

Tolede ; de gueules à vne Couronne Imperiale d'or.

Toscane : d'Or à 5. Tourteaux de gueules en Orle, surmontés d'vn sixiesme d'azur chargé de 3. Fleurs-de-Lys d'or. Ceux qui cherchent des Origines aux Armes, disent que les cinq Tourteaux representent autant de Boules qu'il y en auoit en la Massuë du Geant qui fut tué par Everard de Medici. Pour le Tourteau de France, il a esté ajousté par la concession de nos Roys.

Toulongeon : de gueules, à 3. Fasces ondées d'argent.

Toulouse Comté : de gueules, à la Croix vuidée & pommettée d'or.

Touraine : de gueules, à 3. Tours crenelées d'argent, au chef de Frāce.

Tour-d'Aigues en Prouence : d'Argent, au Chef de gueules à la Bordure de Naples & de Ierusalem de 8. pieces.

La *Tour-Landry* en Anjou ; d'or, à la Fasce de Gueules crenelée de trois pieces maçonnées de Sable.

La *Tour-d'Oliergues* en Auuergne ; semé de France à la Tour d'argent.

La *Tour-Turene* ; d'Or au Gonfanon de gueules frangé d'azur.

Tournel en Givaudan ; Taillé de Gueules & d'argent.

Toyras ; d'argent à 3. Fers de Cheual de Gueules troüez d'or.

Traisnel en Champagne ; de Vair.

Transilvanie, Principauté ; de Gueules, à sept Montagnes d'Argent, sommées d'autant de Chasteaux de mesme.

Transisalane, voyez *Ouer-Issel*.

Tremblay au Perche, de Gueules à la Bande d'Or accostée de six Merlettes de mesme.

La *Tremoille* en Poictou ; d'or au Chevron de Gueules, accompagné de 3. Aigles d'Azur membrez de Gueules.

Tresmes; d'Azur, à deux mains addextrées d'Or, au franc-quartier Echiqueté d'Argent & d'azur, à la Bordure engreslée de Gueules.

Treves Electorat; d'argent, à la Croix de Gueules.

Tunis Royaume: d'azur, à vne Tonne d'or Cerclée de Sable.

Turene en Limosin; Bandé d'or & de gueules.

Turinge; d'azur, au Lyon Burellé d'argent & de Gueules, Armé, Lampassé & Couronné d'or.

Turquie; de Sinople, au Croissant d'argent.

V

VAillac en Querci; d'Azur, à 3. Estoilles d'or mises en Pal, Ecartelé de Bandé d'or & de Gueules de 6. pieces.

Valaquie Principauté; d'Or au Lyon de Sable surmonté d'vne Estoille & d'vn Croissant de Gueules.

Valencey ou Eſtampes-Valencey en Berri ; d'Azur à deux Girons d'or, la pointe vers le milieu du Chef qui eſt d'argent chargé de 3. Couronnes Ducales de Gueules.

Valeri ; de Gueules , à la Croix d'or.

Valence Royaume d'Eſpagne ; de gueules , à vne Ville d'argent, les murs maçonnés de Sable.

La *Valette*; de Gueules à vne Croix potencée d'argent.

Vallais pays allié des Suiſſes : parti de Gueules & d'Argent à ſept Eſtoilles de meſme, l'vn dans l'autre.

Valois ; de France, à la Bordure de gueules.

Varax en Breſſe ; Ecartelé de Vair & de gueules.

Varembon en Breſſe ; de Gueules à la Croix d'Hermines.

Varenes en Bourbonnois ; de gueules, à vn Levrier paſſant d'argent au Collier ſemé de France.

Vaſa , *Sturs* , ou *Ritboholm* en Süéde, Tiercé en bande d'Azur , d'argent & de gueules, à vne gerbe de Segle d'or en Pal.

Vaffé au Maine ; d'Or, à trois Fasces d'azur.

Vatan en Berri ; Echiqueté d'Or & de gueules.

Vaubecourt ; de Gueules au Chevron d'or.

Vaugelas ou *Faure-Vaugelas* en Breffe ; d'Argent, au Chevron d'Azur accompagné de trois Testes de Mores liées d'argent.

Vaux en Süiffe ; d'argent, à vne Montagne de Sable.

Vaux-le-Vicomte ; d'Or, à trois Merlettes de Sable.

Venaiffin Comté ; voyez l'article d'Auignon.

Vendofme ; de Bourbon, le baston chargé de 3. Lionceaux d'argent. Quelques-vns les font d'Or. Auparauant, d'azur à 6. Fleur-de-Lys d'Or : ou pluftoft d'argent au Chef de gueules, à vn Lyon d'azur, Couronné, Armé & Lampaffé d'or brochant fur le tout.

Venife ; d'azur, au Lion d'or

aiſlé, aſſis & tenant vn liure ouuert d'argent.

Ventadour en Limoſin; Echiqueté d'or & de gueules.

Verdale; de gueules, au Loup rampant d'Or.

Vermandois ; Echiqueté d'or & d'azur, au Chef de France : ou pluſtoſt au Chef d'azur, chargé de cinq Fleurs-de-Lys d'or.

Veſt-falie ; de gueules, au Cheual Gay, effrayé & contourné d'argent.

Vignolles en Gaſcogne, de Sable au Cep de vigne d'argent ſouſtenu d'vn échalat de meſme.

Vilaine en Bourbonnois; d'azur, au Lyon d'Or, Ecartelé & Lozangé d'or & d'azur.

Villars en Breſſe; Bandé d'or & de gueules de ſix pieces.

Villequier : de gueules à la Croix Fleurdeliſée d'or, Cantonée de douze billettes de meſme.

Villeroy en l'Iſle de France, d'azur au Chevron d'or, accompagné de trois Croix anchrées de meſme.

Villerseaux : Burellé d'argent &
de gueules , au Lion Brochant de
Sable, Armé & Lampassé d'or , sou-
stenant d'vne patte vn croissant montant de mesme.

Virieu en Dauphiné : de gueules
à trois Annelets d'argent l'vn dans
l'autre.

Virtemberg ; d'or à 3. Cornes de
Cerf arrachées de Sable , posées en
Fasce.

Viuarais:semé de France , à la bordure d'argent chargée de 8. Ecussons
d'azur.

Vivone en Poictou ; d'Hermines au
Chef de gueules.

Vndervalden, l'vn des treize Cantons Süisses : Coupé de gueules &
d'argent , à deux clefs adossées en Pal
de l'vn en l'autre, les anneaux enla-
cez.

La *Voute* en Viuarais ; d'argent au
Lyon de gueules.

Vrfé en Forez ; de Vair , au Chef
de gueules.

Vri , l'vn des treize Cantons Süisses, d'Or à vne Teste de Bufle de

Sable, accornée & bouclée de gueules.

Vtrecht : tranché de gueules, ſur argent. Ou, d'or coupé d'azur, à la Croix pattée l'vn dans l'autre.

Vzez : de gueules, à 3. Bandes d'or.

Y

Y*Vetot* ; d'Argent, à la Bande fuſelée de Gueules accoſtée de 6. Fleurs-de-Lys de meſme en Orle.

Yvri en Normandie ; d'Or, à trois Chevrons de Gueules.

Z

Z*Elande* : d'or, au Lyon naiſſant de Gueules, coupé d'Azur à deux Faſces Ondées d'Argent.

Zug, l'vn des treize Cantons Süiſſes ; d'Argent à la faſce d'azur.

Zurich, l'vn des treize Cantons Süiſſes : taillé d'Argent & d'azur.

Zutphen, d'or, au Lion d'azur.

F I N.

AVERTISSEMENT.

IL ne faut pas pretendre de trouuer ici les Armes de toutes les Maiſons de France, quoy que tres-Nobles & tres-Anciennes : ie n'ay pas entrepris de les y mettre toutes, cela eſtant vn ouurage que ie laiſſe à des gens plus éclairés que moy, en matiere de Bla‑ſon. Comme mon attachement par‑ticulier eſt à la Carte, ie n'ay guere ſpecifié que les Armes de Domaine, & particulieremét celles des Pays, & des Prouinces dont i'ay fait mettre les Ecuſſons dans mes petits Traités du Monde & de la France. Il s'y en trou‑uera peut-eſtre quelques-vnes de fa‑milles nquuellement annoblies, mais ie ne les y ai inſerées que par la con‑ſideration de pouuoir mieux déchifrer les termes de l'Art, ou parce que i'ay eſté certain de leur Blaſon. Tant y a que i'ay crû auoir aſſez fait de donner en ce petit Liuret

Douze petites Tables de Figures pour les Principes du Blaſon, leſquel‑les ſe trouuent au commencement.

&

*Les Noms & l'Aage des plus
grands Princes qui regnent
aujourd'hui en Europe.*

Le Roy de France,
Loüis XIV. né l'an 1638.
    Le Roy d'Eſpagne,
Charles II. né l'an 1661.
    Le Roy d'Angleterre,
Charles II. né l'an 1630.
    Le Roy de Portugal,
Alfonſe VI. né l'an 1643.
    Le Roy de Suede,
Charles X. né l'an 1655.

Le Roy de Danemarq,
Federic III. né l'an 1609.
Le Roy de Pologne,
Iean-Casimir, né l'an 1609.
Le Grand Seigneur,
Mehemet IV. né l'an 1642.
Le Grand Duc de Moscouie,
Alexis Michaelowitz, né l'an 1624.

Princes d'Italie.

Le Pape,
Clement IX. né l'an 1600.
Le Duc de Savoye,
Charles-Emanuel II. né l'an 1634.
Le Grand Duc de Toscane,
Ferdinand II. né l'an 1610.
Le Duc de Mantouë,
Ferdinand-Charles, né l'an 1652.
Le Duc de Modene.
François II. né l'an 1656.
Le Duc de Parme,
Rainuce II. né l'an....

Princes d'Alemagne.

L'Empereur,
Leopold-Ignace, né l'an 1640.

L'Electeur de Mayence,
Iean-Philippe Schonborn.
L'Electeur de Treves,
Charles-Gaspar de Leyen.
L'Electeur de Cologne,
Maximilien Henri de Bauiere.
L'Electeur de Bauiere,
Ferdinand-Marie, né l'an 1636.
L'Electeur de Saxe,
Iean-George II. né l'an 1613.
L'Electeur de Brandebourg,
Federic-Guillaume, né l'an 1620.
L'Electeur Palatin,
Charles-Loüis, né l'an 1616.

Dans la Liste ci-deſſus, j'aurois pû adjouſter, les Ducs, de Lorraine, de Brunſvick, de Mekelbourg, de Virtemberg, de Holſtein, de Saxe-Lawembourg : les Landgraves de Heſſe, les Marquis de Bade, le Prince d'Anhalt & autres Princes fort conſiderables ; mais i'ai crû que ceux qui auroient la curioſité d'en ſçauoir les Noms & l'Aage, pourroient auoir recours aux Tables Genealogiques.